Diccionario de argot español
y lenguaje popular

Víctor León:

Diccionario de argot español
y lenguaje popular

El Libro de Bolsillo
Alianza Editorial
Madrid

®

Primera edición en «El Libro de Bolsillo»: 1980
Quinta reimpresión en «El Libro de Bolsillo»: 1987

© Alianza Editorial, S. A., Madrid, 1980, 1981, 1983, 1984, 1986, 1987
Calle Milán, 38; 28043 Madrid; teléf. 200 00 45
I.S.B.N.: 84-206-1766-0
Depósito legal: M. 24.936-1987
Papel fabricado por Sniace, S. A.
Compuesto en Fernández Ciudad, S. L.
Impreso en Rógar, S. L. Pol. Cobo-Calleja. Fuenlabrada (Madrid)
Printed in Spain

Panorámica del argot español

Pilar Daniel

Prejuicios académicos y tabúes lingüísticos

Menéndez Pidal, que fue director de la Real Academia Española de la Lengua por espacio de treinta y cinco años, señalaba la necesidad de un diccionario que registrase el inventario completo de la lengua hablada y escrita, al margen de sus posibles condiciones de perdurabilidad[1]. Frente a esta concepción —la que ha inspirado, por ejemplo, la redacción del *New English Dictionary* de Oxford, con unas 400.000 voces definidas—, la Real Academia Española ha preferido para su Diccionario —alrededor de 80.000 voces— un criterio restrictivo. Acepta tan sólo aquellas palabras que han sido autorizadas por el uso de los escritores o por la mejor tradición del pueblo. Debido a este criterio se echan de menos multitud de tecnicismos, neologismos, extranjerismos y vulgarismos. Pero donde más lagunas se advierten es en las expresiones de uso familiar, en las voces jergales de determinados grupos sociales y en el argot ciudadano, es decir, en la parcela de léxico que corresponde sobre todo al ámbito del lenguaje hablado.

---

1 Ramón Menéndez Pidal, «El diccionario ideal», en *Estudios de lingüística*, Madrid, Espasa-Calpe, 1961, pp. 93-147. Este artículo apareció por primera vez como prólogo del *Diccionario general VOX*, dirigido por Samuel Gili y Gaya, Barcelona, Biblograf, 1953.

Si la Academia, fiel a su lema de «limpia, fija y da esplendor», sigue prefiriendo para el diccionario oficial un criterio selectivo, es lógico hasta cierto punto que haga una criba de material léxico. Lo que ya no resulta lógico es que esta criba y la definición de las voces seleccionadas se rijan por normas no estrictamente filológicas. El diccionario académico adolece de una serie de fallos definitorios y de lagunas léxicas que estimamos merecerían un concienzudo análisis. Entrar ahora en detalles, por ejemplo, sobre el machismo [2] de quienes elaboran y actualizan el Diccionario, nos apartaría del tema. Por otra parte, el asunto ha sido ya tratado en profundidad por Alvaro García Meseguer [3]. Tampoco nos detendremos en comentar la falta de objetividad en las definiciones de ciertos términos, especialmente del ámbito político, religioso y social. Lo que sí vamos a señalar es el problema de las voces prohibidas, repudiadas o ausentes. Porque una sociedad se define no sólo por lo que acepta, sino por lo que rechaza. Y en nuestra sociedad existen una serie de temas tabuizados (esfera sexual, religiosa, escatológica) que, al menos hasta ahora, se han visto sometidos a una severa censura. Esta censura se refleja también en los trabajos científicos de la institución académica, en vanguardia siempre de un acusado conservadurismo.

Sólo un ejemplo a título de muestra: El *Diccionario histórico de la lengua española,* que la Real Academia publica en fascículos desde 1960, es tal vez uno de los más ambiciosos proyectos de diccionario en todo el mundo. Cada palabra, cada acepción, vienen documentadas con citas desde la primera hasta la última vez que se han encontrado registradas en la lengua escrita, especificándose su frecuencia en cada siglo y sus variantes gráficas. Se recogen incluso palabras de existencia dudosa. Pues bien, voces hoy tan corrientes como *acojonar* y sus derivados (*acojonante, acojonado,* etc.) no entran en este completísimo diccionario histórico. ¿Cabe pensar que no se han encontrado testimonios literarios? Ni siquiera este supuesto justificaría la ausencia: «Cuando un uso vigente hoy no figura documentado en ningún texto escrito, lo apoyamos con ejemplos tomados del habla corriente» [4]. La voz que sí recoge en cambio el *Diccionario histórico* es *acollonar,* con el

---

2 Término que, por cierto, el diccionario académico no registra.
3 *Lenguaje y discriminación sexual,* Madrid, Cuadernos para el Diálogo, 1977.
4 *Diccionario histórico de la lengua española,* fascículo preliminar. Madrid. Real Academia Española, 1972, p. VIII.

significado de 'acobardar', por lo visto más acorde con el paladar de los académicos, pues esta voz no deriva de *cojón*, como las que venimos comentando, sino de *collón*, 'cobarde'.

Estos criterios de pudibundez originan curiosas confusiones. Así tenemos que un diccionario de tanta solvencia como el *Diccionario de mejicanismos*, de Francisco J. Santamaría [5], incluye la voz *cojones*, 'testículos', como propia de Méjico, señalando que «se usa también en Murcia». Probablemente el autor la vio registrada en algún vocabulario del habla de esta región y en cambio no la encontró en el diccionario oficial de la lengua española. La censura a que somete la Academia determinadas voces provoca confusiones de este tipo, muy frecuentes en diccionarios hispanoamericanos y en vocabularios regionales, donde se etiquetan de peculiaridades léxicas de una determinada zona geográfica voces de indiscutible ámbito general.

Otro gran tabú del Diccionario es el religioso. Tal como hace notar Georg Weise [6], la herencia de un pasado que en gran manera se ha visto condicionado por los ideales de la religión cristiana da lugar a un lenguaje usual impregnado de imágenes y conceptos de la fe católica, sin paralelo en otros pueblos de lengua romance. Podría añadirse que tampoco tiene paralelismo en los de lenguas anglosajonas y germánicas, sobre todo en una vertiente característica: la de voces irreverentes surgidas como reacción frente a una postura de intolerancia religiosa que ha venido arrastrándose desde la época de los Reyes Católicos. Por supuesto que tampoco estas voces irreverentes aparecen en el diccionario académico, pese a su frecuente uso. ¿Cuántos años se tardará en incluir la popularísima *hostia*, que el español utiliza en un sentido bastante distinto al de «hoja redonda y delgada de pan ázimo que se hace para el sacrificio de la misa»?

Donde la Academia se muestra algo más tolerante es en los términos escatológicos. El Diccionario registra muchas de estas voces, aunque sin dar entrada a la gran cantidad de frases y expresiones de las que forman parte. Entra *culo*, por ejemplo, pero no *ir de culo* o *mandar a tomar por el culo; cagar*, pero no *cagarla* o *me cago en la leche*. Tal vez esta relativa

---

5 Méjico, Porrúa, 1974, 2.ª edición, corregida y aumentada. La primera edición es de 1959.

6 «Das religiose und kirchliche Element in der modernen spanischen Umgansprache» (Elementos religiosos y eclesiásticos en el español coloquial moderno), en *Romanitisches Jahrbuch*, Hamburg, VI (1953-54), 267-314, p. 267.

tolerancia obedezca a que los términos alusivos a las funciones
fisiológicas se consideran vulgares pero no «pecaminosos», a
diferencia de lo que ocurre con los sexuales o los irreverentes.
Puede establecerse un claro paralelismo con el tratamiento que
se da en el Diccionario a otros temas. Así por ejemplo, los
vocablos para designar 'embriaguez' son muy abundantes, y en
cambio el léxico de la droga apenas si aparece. Si bien es cierto
que el fenómeno de la expansión de la droga es relativamente
reciente en España, y que la última edición del Diccionario es
de 1970, no lo es menos que la Academia publica en su boletín
cuatrimestral las distintas enmiendas y adiciones al Diccionario,
y que aún es hora que tengan cabida en él voces tan usuales
como *porro, chocolate, ácido, muermo, viaje* o *fliparse*. Una
posible explicación, aparte de la habitual lentitud de la Academia en incorporar palabras nuevas, habría que buscarla también en sus seculares prejuicios. En efecto, el alcohol es un
producto de libre circulación, socialmente aceptado e integrado
en nuestra cultura, en tanto que la droga es ilegal, clandestina
y propia de gente marginada.

Los criterios extralingüísticos del Diccionario se ajustan pues
a la moral oficial al uso y a las pautas culturales que reprimen
o pretenden ignorar determinados temas. «Hasta tal punto las
referencias al sexo y a las funciones fisiológicas tienen consideración de tabú en nuestra sociedad, que las palabras populares que los designan en su sentido recto se consideran generalmente vulgares o muy vulgares, y en su lugar encontramos
voces o expresiones sustitutivas, conseguidas por diversos procedimientos (sobre todo eufemismos) o procedentes de otros
niveles (culto y médico en general), que son las que se emplean
fuera del lenguaje familiar.»[7] Tal es el caso de palabras como
mierda, cagar, mear, coño, picha y *cojones*. Aunque no todos
los términos referidos a estos temas sean forzosamente groseros
u obscenos, en general tienen la connotación de malsonantes,
y su uso se considera inconveniente. Sin embargo, está claro
que la culpa no es de las palabras. «Las palabrotas no es que
suenen mal, sino que su sonido blanco y angelical primero ha
sido cargado de resonancias oscuras o bajas alusiones [...].

---

7 Lluís López del Castillo, *Llengua standard i nivells de llenguatge*, Barcelona, Laia, 1976, pp. 49 y 50. En catalán, en el original. Aunque se
refiere a dicha lengua, estas consideraciones son aplicables también al
castellano.

Aun en sus significados aplebeyados conservan muchas de estas palabras, expresivismos y absoluciones difíciles de sustituir» [8].

En efecto, las palabras en sí no son buenas ni malas. No son más que una parte del desarrollo natural del lenguaje, y de gran expresividad en muchas ocasiones. Como apunta Cela, no vale borrar la palabra o disfrazarla con eufemismos. Lo que en todo caso tendrían que invalidar aquellos a quienes molesta sería el concepto que dicha palabra encierra. Pero por lo visto hay quienes «se regodean con el concepto aunque se rasguen las vestiduras ante las palabras» [9]. Los vocablos, como vehículos que son del pensamiento, deben estudiarse y recogerse tanto si son malsonantes como si no lo son. «Varias veces he insistido en un docto cuerpo sobre la necesidad de tratar abiertamente esta cuestión y sin remilgos de pudibundez [...]. No he conseguido vencer el criterio de abstención *pudoris causa*. Creo necesario que alguien haga un estudio serio y documentado, que sería tanto más fértil cuanto más ampliamente se planteara el problema.» [10]

No deja de sorprender el contraste entre lo que manifiestan los académicos y lo que hace la Academia. Por un lado, Menéndez Pidal, tantos años director de la docta institución, defendía la elaboración de un diccionario ideal, que abarcara todo el lenguaje hablado y escrito. Por otro, Pemán (que en dos ocasiones ha dirigido la Academia), Cela (académico de quien todo el mundo conoce sus trabajos en favor de la no discriminación léxica) y Dámaso Alonso (el actual director) se manifiestan abiertamente en contra de los tabúes lingüísticos. Y pese a ello, el único paso notable que ha dado la Academia en los últimos tiempos ha sido admitir una propuesta de Cela en favor de algunas voces de la esfera sexual, como *coño, joder, carajo, picha*. «El día 13 de febrero de 1975 —dice Cela— tuve el honor de presentar a la Real Academia Española la comunicación *Algunas voces usadas por Quevedo y no incluidas en la XIX edición del Diccionario...*, en la que figuraba la voz que nos ocupa [coño]; la corporación, dando muestras de su buen sentido, su abierto criterio y su vitalidad evidente, se dignó

---

8 José María Pemán, «De las palabras malsonantes», en *ABC*, 28-7-65.
9 Camilo José Cela, «¿Palabras válidas o inválidas?», en *Papeles de Son Armadans*, Palma de Mallorca, LXXXIV (marzo 1963), p. 230.
10 Dámaso Alonso, «Para evitar la diversificación de nuestra lengua», en *Presente y futuro de la lengua española*, 2 vols., Madrid, Cultura Hispánica, 1964, t. II, pp. 254-268. Se trata de una ponencia presentada al I Congreso de Instituciones Hispánicas (Madrid, junio 1963).

acogerla en su diccionario.» [11] Se vislumbra, pues, un rayo de esperanza. Si la Academia, en 1975, aceptó estas pecaminosas voces que ya usaba Quevedo hace tres siglos, es de suponer que «su abierto criterio y su vitalidad evidente» fructificarán en los próximos siglos con la inclusión de algunos de los términos proscritos que aguardan su turno desde tiempo inmemorial.

Otras palabras que tampoco han encontrado aún su lugar en el Diccionario son las pertenecientes a los distintos argots o jergas especiales, que llevan una existencia paralela al habla común y que en muchas ocasiones son asimiladas por el lenguaje familiar y coloquial. De estas voces, el Diccionario recoge tan sólo las de germanía del *Vocabulario* de Juan Hidalgo [12], es decir, las usadas por pícaros, rufianes y delincuentes del Siglo de Oro español, y no incluye en cambio ni las de los delincuentes actuales ni las de otras jergas especiales, profesionales o de determinados grupos sociales, ni siquiera las que han pasado al dominio común.

Si nos hemos detenido en destacar los prejuicios que inspiran el diccionario académico y en señalar las lagunas que en él se observan, no ha sido tanto por resaltar estos injustificados prejuicios y lagunas, como por la enorme influencia que esta obra ejerce y seguirá ejerciendo en todos los diccionarios de léxico castellano, que arrastran los mismos vicios y siguen sin incorporar las palabras y expresiones «malditas» que no gozan del beneplácito de nuestros inmortales. Estas palabras y expresiones no sólo faltan en los diccionarios sino que apenas han llamado la atención de lingüistas y lexicógrafos. Ya en 1941, Carlos Clavería, uno de los pocos filólogos que se han interesado por el argot, hacía notar la falta de estudios sobre el tema, tanto en lo que se refiere a jergas especiales como al lenguaje popular [13]. No deja de ser curioso que el mejor estudio sobre el español coloquial sea obra de un hispanista alemán [14].

11 Camilo José Cela, *Enciclopedia del erotismo*, Madrid, Sedmay, 1976, fascículo 22, p. 428.

12 Barcelona, 1609. Parece que el autor fue Cristóbal de Chaves, y que Hidalgo fue simplemente el impresor.

13 «Sobre el estudio del 'argot' y del lenguaje popular», en *Revista Nacional de Educación*, Madrid, t. I, núm. 12 (1941), pp. 65-80. Cabe señalar, no obstante, que el argot de la delincuencia ha merecido mayor atención, como puede observarse en la bibliografía. En los últimos años, un intento meritorio ha sido el de Jaime Martín, *Diccionario de expresiones malsonantes del español*, Madrid, Istmo, 1974. Existe reedición no actualizada (1979).

14 Werner Beinhauer, *El español coloquial*, Madrid, Gredos, 1963.

El presente *Diccionario de argot español*, de Víctor León, que recoge cerca de 2.500 voces del argot y del lenguaje popular castellanos de hoy, contribuirá sin duda a llenar este lamentable vacío de nuestra lexicografía.

Germanía, caló, jerga y argot

La falta de aceptación, por parte de la Academia, de estos términos, que en su casi totalidad pertenecen al lenguaje hablado aunque muchas veces trascienden a la lengua escrita, ha creado no pocas dificultades a los estudiosos del habla popular y ha contribuido a un confusionismo terminológico. Para evitar en lo posible este confusionismo, parece oportuno hacer unas precisiones sobre los distintos términos con que se designan los lenguajes especiales.

Como ya se ha dicho, hay unas cuantas voces jergales que sí recoge la Academia: las de *germanía*. Esta era una lengua secreta que usaban para entenderse entre sí los ladrones, pícaros y rufianes españoles de los siglos XVI y XVII. El término germanía alternó con los de *jácara, jacarandina, jacarandaina* y *jacarandana,* y hacia finales del XVIII se simultaneó también, aunque impropiamente, con *caló* —que es el lenguaje de los gitanos españoles— debido a la gran influencia que a partir de entonces ejerció dicho lenguaje sobre el habla de los delincuentes españoles. Esta denominación hizo fortuna a medida que la voz germanía iba quedando anticuada, al haber desaparecido ya el habla que la originó. No obstante, debido a la confusión de significados que se produce al designar con el mismo término el lenguaje de los gitanos y el de los maleantes, muchos autores han preferido llamar a este último germanía moderna, caló jergal, caló delincuente, argot, jerga de la delincuencia, etc. Entre quienes lo hablan suele designarse, sin embargo, como *caló* y *caliente.*

En la literatura de los siglos XVI y XVII (Lazarillo, Cervantes, Quevedo, Espinel y otros) aparece como equivalente de germanía la palabra *jerigonza,* que significa también «lenguaje de mal gusto, complicado y difícil de entender». A partir del siglo XVIII *(Diccionario de Autoridades),* encontramos como sinónimo de esta voz la palabra *jerga,* de significado un tanto impreciso. Algunos autores la utilizan tan sólo para designar el habla de los delincuentes, mientras que otros son partidarios de emplear el término «argot» para este lenguaje, y «jerga» para las hablas de grupos profesionales y sociales.

Considerando las opiniones de Fernando Lázaro Carreter [15], José Manuel Blecua Perdices [16] y Carlos Clavería [17], creemos que pueden atribuirse actualmente a la voz jerga los siguientes valores:

a) Lenguaje especial que emplean los maleantes para comunicarse entre ellos sin ser entendidos por otros posibles oyentes (equivalente a la antigua germanía). Se caracteriza, hoy como ayer, por una evolución rapidísima: a medida que este lenguaje se difunde y pierde su valor críptico o esotérico aparecen nuevas voces o se dan nuevos sentidos a otras ya existentes.

b) Lenguaje profesional (médicos, deportistas, militares, prostitutas, etc.). Hay que incluir aquí las jergas gremiales de diversos oficios trashumantes (vendedores de ganado o de trillos, arrieros, etc.), de ámbito muy reducido y en proceso de desaparición, a medida que se extinguen estos oficios.

c) Lenguaje propio de determinados grupos sociales (estudiantes, militantes de partidos políticos, «pijos», «pasotas», y otras hablas marginales, como el léxico de la droga, del «rollo», etcétera).

La jerga de la delincuencia y carcelaria, pese a tener una entidad por sí misma, estaría un poco a caballo entre el apartado b) y el c): lenguaje profesional y al mismo tiempo propio de un determinado grupo social.

d) Conjunto de palabras de muy diverso origen que se introducen con fines expresivos, irónicos o humorísticos en la conversación familiar de todas las clases sociales. Este lenguaje se desarrolla principalmente en las grandes ciudades y se denomina también jerga común y argot urbano.

La voz francesa *argot,* que en un principio significaba —al igual que en España la voz germanía— 'cofradía de ladrones', pasó pronto a designar su lenguaje. En la actualidad, jerga y

---

15 *Diccionario de términos filológicos,* Madrid, Gredos, 1968 (3.ª edición).

16 *Enciclopedia universal Salvat,* vol. 13 (holm-kof), s. v. *jerga.* Barcelona, Salvat, 1972.

17 «Sobre el estudio del 'argot'»..., p. 68, y «El argot», en *Enciclopedia lingüística hispánica,* Madrid, Consejo Superior de Investigaciones Científicas, 1967, pp. 349-363.

argot son totalmente sinónimas en sus distintas acepciones, lo mismo que la voz inglesa *slang*, que designa tanto el habla vulgar como la de los malhechores y la de las profesiones y grupos sociales.

Entre las posibles denominaciones de este lenguaje, parece preferible emplear el término argot, por varias razones. En primer lugar, la palabra jerga tiene un matiz un tanto peyorativo (tal vez por asimilarse inconscientemente al otro significado de su sinónimo jerigonza, es decir, lenguaje complicado, que no se entiende). Por otra parte, el uso de la palabra argot está ampliamente difundido, mucho más aceptado que jerga, y su significado es comprendido con mayor rapidez por un público más extenso. Debe tenerse en cuenta, por último, que es voz de uso internacional, utilizada por hispanohablantes americanos y conocida también en otros idiomas.

Al estudiar el argot y el lenguaje popular surge una primera dificultad, que es la de delimitar el ámbito de uso. ¿Cuál es la diferencia entre un término coloquial, familiar o vulgar? ¿Cómo señalar fronteras en un terreno tan resbaladizo y encasillar algo tan dinámico como el lenguaje popular?

El lenguaje llamado popular o coloquial, por oposición al literario, normativo o escrito, posee un amplio caudal de voces en el que podemos distinguir varios niveles lingüísticos. Por una parte, el familiar, que se caracteriza por un gran colorido, mayor subjetividad, amplio uso de comparaciones, eufemismos, contrastes, hipérboles, tono irónico e informal. Muchas de sus voces y expresiones pertenecen al argot común o urbano. Otro estrato o nivel lo constituye el lenguaje vulgar, condicionado por factores extralingüísticos, como la categoría social de los hablantes (de estamentos bajos o marginados), y el contenido semántico del propio lenguaje, que se refiere en su mayor parte a temas tabú (sexuales, escatológicos y religiosos sobre todo). En el estrato siguiente podemos situar las voces de argot en tanto que «dialectos sociales» y jergas profesionales, tanto unos como otras de ámbito mucho más restringido. Por último, el escalón inferior lo ocupa el argot de la delincuencia, jerga social y profesional a la vez.

Pese al intento de separación por niveles, los límites son muy fluctuantes. Mientras que unas voces que han sido tabú pueden dejar de serlo en cualquier momento y perder su condición de vulgares o inconvenientes, numerosos términos del lenguaje familiar son propiamente jergales, procedentes incluso de los grupos sociales más marginados.

Por otra parte, el tono o la intencionalidad del hablante pueden modificar por completo el valor de una palabra. Las expresiones más injuriosas adquieren no pocas veces carácter afectuoso. Por ejemplo, cuando dos amigos se saludan con un «¡Hola, cabronazo! ¡Qué te cuentas?» Muchos términos que se consideran vulgares por su significado se hallan tan incorporados al lenguaje corriente, a veces como simples muletillas conversacionales o como exclamaciones (¡joder!, ¡coño!, ¡leche!), que han perdido toda contaminación sexual. Otro tanto sucede con expresiones de tipo religioso: «Hace un frío que no sale ni dios a la calle» o «Se pegó una hostia de mucho cuidado», suelen emplearse sin ánimo de irreverencia. ¿Se trata en este caso de lenguaje vulgar, o simplemente familiar? La valoración de las palabras es muchas veces extralingüística. «La estratificación que se señala en los diccionarios corre en buena parte por cuenta y riesgo de sus lexicógrafos y a menudo no es más que un reflejo de sus prejuicios culturales y sociales.» [18] Por otra parte, esta estratificación en la práctica resulta totalmente artificial. Las personas, cuando se comunican entre sí, emplean espontáneamente el lenguaje prescindiendo de divisiones entre lengua normativa, argot, lenguaje coloquial, etc. Como muy bien dice Flexner, «el slang no existe como entidad salvo en el cerebro de quienes estudiamos el lenguaje» [19].

Características generales del argot castellano

El argot no es un lenguaje independiente, sino que vive siempre dentro de otra lengua, en forma parasitaria, sirviéndose de su fonética, su morfosintaxis y buena parte de su léxico. Los procesos de creación lingüística del argot español son, pues, los mismos con los que se construye la lengua castellana:

a)   Formación de nuevos términos mediante modificaciones de palabras, analogías, onomatopeyas, reduplicaciones, creaciones caprichosas. De todos estos procedimientos, los más activos

---

18 Mario E. Teruggi, *Panorama del lunfardo,* Buenos Aires, Sudamericana, 1978 (2.ª edición, ampliada y corregida), p. 19. La primera edición es de 1974. Obra muy interesante, en especial en lo que se refiere a la formación del léxico lunfardo.

19 Harold Wentworth y Stuart Bert Flexner, *Dictionary of American Slang,* Londres, Harrap, 1960, p. XV. (En inglés, en el original).

son los que afectan al final de la palabra, ya sea por trunca-
miento (apócope), ya por ampliación (sufijo).

b)   Extensión de significado de voces ya existentes, y cambios
semánticos que se originan sobre todo a través de la sinonimia
y de la metáfora.

c)   Préstamos de otras lenguas, ya sea por adaptación fonética de términos extranjeros, ya por calcos idiomáticos o tra-
ducción de significado. Aparte de su valor críptico o humorís-
tico según los casos, cumple sobre todo la función de dar
nombre a conceptos nuevos (procedimiento especialmente activo en el argot deportivo y en el de la droga).

d)   Una rica fraseología a través de la cual los términos,
argóticos o no, adquieren significados especiales. Las frases, en
cantidad y variedad extraordinarias, entran más en el terreno
expresivo que en el puramente léxico, y se basan sobre todo en
una serie de recursos y esquemas sintácticos que dan color a
la expresión: comparativos, perífrasis, hipérboles, frases rimadas, fórmulas de negación, de despido, de rechazo, etc.

Pese a su progresiva introducción en la literatura [20], el lenguaje jergal está poco fijado por los textos, lo que en ocasiones
produce una vacilación a nivel ortográfico, fonético, morfe-
mático e incluso semántico.

Los rasgos más destacados del lenguaje argótico son la agre-
sividad, el realce de cualidades negativas o defectos, la degra-
dación semántica, el humor, el ingenio, la ironía, el juego
lingüístico y la exageración. Sus motivaciones podemos encon-
trarlas en el deseo de renovación léxica, la búsqueda de mayor
expresividad, la intensificación de sentido, el tabú y la gran
vivencia de algunos conceptos. Si analizamos su contenido,
vemos que el argot gira en torno a dos polos:

a)   Palabras-eje, capaces de generar gran cantidad de acepciones, expresiones y frases. Estas palabras (como *leche, coño,
carajo, joder, cojones, puñeta, puta, hostia, cagar, culo* y *mierda*)
a veces «contagian» sus formas expresivas al ámbito de otras
voces más o menos afines, y originan series sinonímicas o de

---

20 No olvidemos que en los últimos años abundan cada vez más los
autores que lo emplean en sus obras. Durante mucho tiempo, su máximo
exponente ha sido Cela, precedido de una serie de autores de la genera-
ción del 98, en especial de Valle-Inclán, y siguiendo una tradición de uso
de lenguaje popular que arranca desde el mismo Berceo y el Arcipreste
de Hita, y pasa por toda la picaresca, Cervantes, Lope, Quevedo y otros.

expresiones paralelas: *¡tiene cojones la cosa!* alterna con *¡tiene huevos... / pelotas / bemoles / narices...!*

b) Conceptos-eje, que atraen multitud de sinónimos alrededor de unos campos semánticos muy concretos: partes del cuerpo humano, sexo, mujer, prostitución, homosexualidad, funciones fisiológicas, defectos, cualidades, dinero, diversión, comer, beber, bebidas, embriaguez, droga, robo, policía, golpe, pelea, valor, muerte, morir, matar, blasfemia, insulto, desprecio, enfado, sorpresa, etc.

Según Otto Jespersen[21], tanto los campos semánticos como la preferencia por determinadas imágenes y metáforas, como el uso de los distintos procedimientos de creación, tienen unos rasgos que se repiten en el argot de todos los países. Es decir, que en el argot encontramos algo que pertenece a nuestra común humanidad.

Un rasgo muy característico del lenguaje argótico es la rapidez con que las expresiones envejecen y se abandonan por otras nuevas. Algunas tienen una difusión muy local, pero no faltan las que hacen fortuna, se difunden rápidamente e incluso consiguen introducirse en el lenguaje corriente y permanecer en él, enriqueciendo así el léxico común. Por lo general, hallan mayor difusión aquellas que están más de acuerdo con la estructura total de la lengua. Por una parte, requieren menor esfuerzo para ser recordadas, de modo que resulta más fácil su empleo en el momento oportuno. Por otra parte, una creación que guarde analogía con otras formas ya existentes, es más probable que surja en varios lugares a la vez y se extienda con mayor rapidez. Esta enorme vitalidad del argot ofrece un inestimable interés, dado que permite analizar la evolución de los procesos creativos de la lengua en el mismo momento en que tienen lugar, lo cual arroja nueva luz sobre el desarrollo del idioma en general y facilita su estudio.

Consideraciones sociolingüísticas

El argot, como lengua especial de grupo, encierra un enorme valor sociológico. Un análisis de este lenguaje nos proporcionaría datos muy reveladores sobre la manera de ser, pensar y actuar del grupo, sobre su escala de valores, actitudes, cuali-

---

21 *La llengua en la humanitat, la nació i l'individu,* Barcelona, Edicions 62, 1969, p. 170. (La edición original apareció en Oslo, en 1925.)

dades y defectos, sentido del humor, etc. Se han realizado investigaciones que permiten relacionar el conocimiento que un individuo tiene del argot, con su edad, sexo, situación y capacidad. Incluso, con miras a la reinserción social de jóvenes delincuentes, se han elaborado unos tests (el de Lerman en Estados Unidos y el de Bondesson en Suecia, por ejemplo) que miden la subcultura criminal de un individuo y su grado de inmersión en la misma a través del conocimiento que éste tiene del argot de la delincuencia (salvando con otro test de correlación la posibilidad de un conocimiento circunstancial o erudito de la jerga) [22].

El argot común de los habitantes de un país determinado nos da también unas coordenadas que, aun a riesgo de caer en el tópico, como siempre que se generaliza, ponen en evidencia rasgos comunes entre sus habitantes. En este sentido, resultan de gran interés, por ejemplo, las conclusiones de tipo antropológico, sicoanalítico, filosófico, etc., sobre el individuo mejicano a que llegan diversos especialistas tras el análisis del material recogido por Armando Jiménez Farías en *Picardía mexicana* [23], antología de expresiones populares y vulgares, adivinanzas, chistes, *graffitis* de váteres, anécdotas y folklore escatológico de este país.

En un contexto similar, pero limitado a un campo más restringido, el original estudio de Federico Gan Bustos, *La libertad en el WC (Para una sociología del graffiti)* [24], analiza una serie de letreros de los váteres universitarios y de las Ramblas de Barcelona, y extrae interesantes conclusiones sociolingüísticas a través de los temas más frecuentes, afirmaciones chocantes, réplicas agudas o agresivas, tendencias políticas, frases filosofantes y confesiones vitales, expuestas con toda la fuerza y espontaneidad que permite este anónimo medio de expresión, tan libre de autocensura.

Determinados grupos y situaciones ofrecen mayor predisposición que otros para la creación y uso del argot. Generalmente éste se desarrolla con mayor intensidad en ámbitos cerrados —campamentos y cuarteles militares, cárceles, internados, escuelas—, en donde la conciencia de grupo es mayor, por lo que

---

[22] Alejandro del Toro Marzal, *Sistemas de investigación del lenguaje del delincuente*, Madrid, 1975. (Es tirada aparte de la *Revista de Estudios Penitenciarios*, núms. 208-211), pp. 11 y ss.

[23] México, B. Costa-Amic, 1969 (35.ª edición. La primera edición es de 1960). Ver los estudios citados, de p. 207 a 234.

[24] Barcelona, Dopesa, 1978.

el argot viene a constituir un distintivo de clase y un elemento integrador. Algo semejante sucede con la jerga de la delincuencia. Además de ser un lenguaje secreto, para proteger al grupo, permite la identificación entre sus miembros y les facilita la comunicación.

Entre grupos profesionales, el uso del argot tiene unas características un tanto distintas. Para médicos y estudiantes de medicina supone, por una parte, la simplificación de una terminología bastante complicada (*óligo,* por 'oligofrenia' u *oto,* por 'otorrinolaringología'). Pero también les permite hablar entre ellos en presencia del enfermo, sin que este último se entere de la gravedad de su dolencia (*neo,* por 'neoplasia', tumor; *tepé,* por 'tuberculosis pulmonar'). En cierto modo se trata también de una lengua secreta. En otras profesiones, a veces, el argot trasciende rápidamente al uso común. Tal sucede con la jerga deportiva, tanto la de deportistas y aficionados como la de comentaristas deportivos. Al igual que la jerga taurina aportó su contribución léxica al caudal del idioma *(tomar el olivo, estar al quite, clavar una banderilla, ver los toros desde la barrera, echar un capote),* el fútbol, convertido en deporte nacional por razones de tipo político, proporciona también numerosas expresiones jergales que han pasado ya al argot común con sentidos figurados: *estar en orsay, casarse de penalty,* etc. Naturalmente, no tiene igual difusión una jerga usada en un sector muy cerrado (un internado, por ejemplo) que una jerga nacida de un deporte-espectáculo de masas. No obstante, determinados medios de difusión contribuyen a extender y a nivelar el uso del argot, no sólo el deportivo sino incluso el de sectores marginados.

El contenido semántico del argot sugiere tal cantidad de consideraciones sociológicas, que extenderse sobre ellas rebasaría el ámbito de esta visión panorámica. Existen, sin embargo, algunas características tan destacadas que merecen cuanto menos un breve comentario.

El ingenio y el humor, por ejemplo, impregnan todo el lenguaje popular y jergal, y son fuente inagotable de nuevas expresiones, a veces creaciones individuales u ocasionales, de existencia muy fugaz, pero tan frecuentes y de tal variedad, que hacen pensar en un rasgo acusado del carácter español.

Ya hemos señalado también la abundancia de expresiones irreverentes. Se observa, no obstante, entre la juventud actual, menos condicionada sin duda por rígidos esquemas de educación religiosa, una regresión en el uso de la blasfemia. Como

apunta Pedro Vera, «la *hostia* es casi el único elemento coloquial de origen blasfemo que sobrevive entre los jóvenes. El
tormento religioso del que nace la blasfemia les ha sido ya
leve. Quedan rastros» [25].

También la represión sexual ha contribuido a crear un léxico abarrotado de términos referentes al sexo. Muchas de estas
voces y expresiones de contenido sexual traducen criterios machistas. La explicación habría que buscarla en atavismos y en
pautas sociales y culturales muy arraigadas. Un hecho que llama
la atención es la gran cantidad de términos vulgares para nom-
brar los genitales masculinos. Los referentes a los testículos
suelen utilizarse en general como sinónimos de valor, coraje,
voluntad, etc. *(tener cojones, con más huevos que nadie, salir
de las pelotas)*. Frente a la abundancia de términos de este
tipo, advertimos un vacío léxico significativo para designar el
clítoris (sólo una palabra, en tres variantes: *pipa, pepita, pepitilla*). La zona más erógena de la mujer permanece olvidada,
o tal vez ignorada. Al mismo tiempo, las voces y expresiones
que indican la acción de copular *(joder, follar, chingar, tirarse,
cepillarse, pasarse por la piedra, cargarse,* etc.), muy numerosas,
son en su mayoría sinónimas de molestar, fastidiar, estropear,
perjudicar, lesionar, matar. Todo ello refleja sin duda una men-
talidad que entiende la relación sexual más como agresión que
como manifestación afectiva o placentera.

Otro rasgo machista del argot es la existencia de bastantes
voces que se aplican sólo al hombre o a la mujer, y no a la
persona *(cornudo,* 'hombre cuya mujer le es infiel'; *ganado,*
'conjunto de muchachas o de mujeres que hay en un lugar').
En este sentido, algunas definiciones del presente diccionario
podrían parecer sexistas, pero definir de otro modo sería dis-
torsionar la realidad. Cabe señalar, no obstante, que este rasgo
tiende a desaparecer, pues muchos términos están ampliando
sus significados al hombre y a la mujer, indistintamente (hacerse *una paja,* 'masturbarse'; *tío bueno* o *tía buena,* 'persona
que tiene buen tipo').

El argot ha sido desde siempre un lenguaje creado por hombres y para su propio uso. Aún hoy no es extraño oír la consa-
bida frase «con perdón de la señora» cuando, en presencia de
una mujer, un hombre (normalmente ya no muy joven) se encuentra en la necesidad de emplear alguna expresión que piensa

---

25 «Otra manera de hablar», en *La Calle,* Madrid, 25 de abril de 1978,
páginas 28-29.

puede ofender los delicados oídos de la dama. Pero de unos
años para acá, la mujer, sobre todo la joven, frecuenta lugares
y participa en actividades que antes estaban reservados a los
hombres. Trabajo, estudios, organizaciones políticas, diversio-
nes, viajes, aunque todavía no de forma paritaria, se comparten
mucho más. A medida que los hombres se acostumbran a la
presencia de las mujeres como compañeras, empiezan a expre-
sarse con mayor naturalidad. Ellas se familiarizan con un lenguaje que antes conocían sólo de lejos, y en ocasiones se sien-
ten impulsadas a usarlo, porque les parece más expresivo. Otras
veces lo emplean como medida de equiparación con el hombre.
En este caso la expresión resulta poco natural y un tanto agresiva *(los tengo por corbata, me hago la picha un lío)*. Poco
a poco, muchas mujeres toman conciencia de que se trata de
un lenguaje prestado y ponen en evidencia el machismo de esta
forma de hablar. Esta actitud incide a veces en hombres con-
cienciados por la problemática de la mujer, que en muchos
casos se autorreprimen, no como antes, para no ofender castos
oídos femeninos, sino para no pasar por machistas, o porque
sinceramente encuentran demasiado agresivas y vejatorias algunas expresiones. Otra actitud de la mujer es hacer suyo este
lenguaje por medio de la sustitución, una especie de calco idio-
mático: *no me sale del coño, estoy hasta los ovarios*. Un personaje femenino de una novela de Rosa Montero [26] propone
sustituir *cojonudo*, 'estupendo', por *ovarudo*, y *coñazo*, 'cosa
molesta', por *pollazo*. Hemos oído últimamente *me lo coso*,
equivalente de *me la corto*, y *¡y una teta!*, por *¡y un huevo!*.
La acuñación de nuevos términos *(falócrata, falocracia, ma-
chito, pitopausia)*, usados sobre todo por feministas, y la creación de expresiones como *¡otra pena pa mi coño!*, no inspiradas
ya en equivalencias masculinas, parecen indicar que la evolución del argot usado por la mujer entra en una nueva fase,
aunque todavía dentro de unos esquemas sexistas. Será interesante comprobar dentro de unos años si este lenguaje sigue
un desarrollo independiente, qué aceptación tiene entre una
mayoría de mujeres, y cómo incide en el argot común. Lo que
sí parece irreversible es la nivelación de uso del argot, no
sólo por la incorporación de la mujer a la vida activa fuera
del hogar, sino por la mayor permisividad para con el lenguaje
de los niños (niños y niñas), que facilita la asimilación global
del idioma desde los años de su aprendizaje.

---

26 *Crónica del desamor*, Madrid, Debate, 1979.

Otro fenómeno de nivelación y de trasvase lingüístico, que
proyecta a sectores más amplios argots que antes tenían un
uso restringido a determinados ámbitos sociales, se produce en
la actualidad entre una serie de grupos más o menos marginales
o marginados: gente del «rrollo» rockero, jóvenes y pasotas,
unidos por su oposición ante una sociedad que no les gusta,
oposición que no se traduce tanto en rebeldía como en indiferencia *(yo paso, tío)* y que parece proceder de un esceptismo
desesperanzado. Unidos también por comunes intereses y afi-
ciones: los viajes, la filosofía oriental, las ciencias marginales
y paralelas, la libertad, la música y la droga. Esta última les
lleva a frecuentar ambientes más o menos delictivos, tanto para
contactar con proveedores o *camellos,* como por la necesidad de
obtener de modo rápido un dinero del que a menudo carecen.
No es de extrañar, pues, que incorporen a su lenguaje muchas
voces del léxico de la droga y del de la delincuencia. Por otra
parte, el rechazo de una sociedad y de una cultura que no les
satisface les lleva también a rechazar su lenguaje, en una clara
actitud contracultural, y a elaborar su propio medio de comunicación lingüística. Sus principales características, como señala
Antonio Burgos [27], son el uso de un sistema verbal propio
(ir de, montárselo, enrollarse), la capacidad de distorsión del
léxico normal *(tocata, drogota, sobeta),* la ruptura ortográfica
(rrollo, passa contigo), la adopción de anglicismos *(beibi, bisni),* la voluntad situacionista, que se manifiesta en el uso de
expresiones poco concretas *(o así, y tal),* y el frecuente uso
de muletillas *(tío, demasié).* La gran movilidad de esta gente
joven, su afición por viajar, el tipo de ambientes que frecuenta,
la comunicación que se establece en los festivales rockeros,
hace que la jerga pasota se difunda con gran rapidez. No
sabemos si gozará o no de larga vida, pero por el momento
ya empieza a dejar su huella en el argot común. *Flipante, muermo, tío, tronco, camello, colocado, pasar,* y tantas otras, son
voces de uso cada vez más extendido, y no sólo entre las
bascas juveniles [28]. El fenómeno del pasotismo despierta cada

---

27 «El lenguaje del rrollo rockero, tío», en *Triunfo,* Madrid, núm. 769,
22 de octubre de 1977, pp. 44 a 49.

28 Pese a su incidencia en el lenguaje común, no ha aparecido hasta
la fecha ningún estudio serio sobre este interesante lenguaje, pues el llamado *Diccionario del pasota,* de Yale y Julen Sordo (Barcelona, Planeta,
1979), no es sino un vulgar plagio del vocabulario del argot delincuente
que Antonio Sánchez publicó en *Interviu,* el 4 de enero de 1979, bajo el
título *Así hablan los marginados.*

vez mayor interés. Su estudio nos permitiría seguramente comprender un poco mejor a este amplio sector de la juventud de
los años 70, que tan prematuramente se ha visto desengañada
por esquemas mentales y sociales rígidos, por partidos políticos, instituciones y sistemas de gobierno. Una juventud que
«pasa» menos de lo que se piensa, y que busca otras formas
culturales, otros planteamientos filosóficos y vitales, y otros
medios de expresión más acordes con sus necesidades.

PILAR DANIEL

ALONSO HERNÁNDEZ, José Luis: *Léxico del marginalismo del Siglo de Oro*, Universidad de Salamanca, 1977.

BEINHAUER, Werner: *El español coloquial*, Madrid, Gredos, 1963.

——: *El humorismo en el español hablado*, Madrid, Gredos, 1973.

BESES, Luis: *Diccionario de argot español*, Barcelona, Sucesores de Manuel Soler, s. a. [1905].

CARBALLO PICAZO, Alfredo: *Español conversacional*, 4.ª edición, Madrid, C.S.I.C., 1966.

CASADO VELARDE, Manuel: *Lengua e ideología. Estudio de «Diario Libre»*, Pamplona, EUNSA, 1978.

CELA, Camilo José: *Diccionario secreto*, tomo I (series *coleo* y afines). Madrid-Barcelona, Alfaguara, 1968.

——: *Diccionario secreto*, tomo II (series *piš* y afines). Madrid-Barcelona, Alfaguara, 1971.

——: *Enciclopedia del erotismo*, 4 vols., Madrid, Sedmay, 1976-77.

CLAVERÍA, Carlos: «El argot», en *Enciclopedia lingüística hispánica*, II, Madrid, C.S.I.C., 1967, 349-363.

——: *Estudios sobre los gitanismos del español*, Madrid, C.S.I.C., 1951.

——: «Sobre el estudio del 'argot' y del lenguaje popular», en *Revista Nacional de Educación*, I, núm. 12 (1941), 65-80.

DÍE, Amelia, y MARTÍN, Jos: *Antología popular obscena*, Madrid, Ediciones de La Torre, 1978.

FIGUEROA LORZA, Jennie: «Léxico del fútbol», en *Español Actual*, Madrid, número 16 (1970), 1-23.

GAN BUSTOS, Federico: *La libertad en el W.C. Para una sociología del graffiti*, Barcelona, Dopesa, 1978.

GARCÍA SERRANO, Rafael: *Diccionario para un macuto*, Madrid, Editora Nacional, 1964. (Contiene argot de la guerra civil española, zona franquista.)

HILL, John M.: *Voces germanescas*, Bloomington (Indiana), Indiana University Publications, 1949. (Recoge el *Vocabulario*, de Juan Hidalgo, y otras voces de romances de germanía de la misma época.)

LAPESA, Rafael: «La lengua desde hace cuarenta años», en *Revista de Occidente*, Madrid, núms. 8 y 9 (noviembre-diciembre 1963), 193-208.

LÁZARO CARRETER, Fernando: «Una jerga juvenil: 'el cheli'», en *Los domingos de ABC* (suplemento semanal), Madrid, 14 de octubre de 1979, pp. 6-7.

LORENZO, Emilio: *El español de hoy, lengua en ebullición*, Madrid, Gredos, 1966.

MARTÍN, Jaime: *Diccionario de expresiones malsonantes del español*, Madrid, Istmo, 1974. (Contiene alrededor de 1.200 voces. Es la recopilación de argot más amplia hasta esa fecha.)

MILLÀ NOVELL, Miguel: *El argot de la delincuencia*, Universidad Central de Barcelona (Departamento de Lengua Española), 1975. (Tesis de licenciatura inédita.)

NÚÑEZ, Cayetano, y GONZÁLEZ, Juan: *Los presos*, Barcelona, Dopesa, 1977. (Contiene un vocabulario con 236 voces del argot delincuente actual.)

OTERO SECO, Antonio: «Notas para un vocabulario argótico español de la mala vida», en *Études Ibériques*, III, Rennes, Faculté des Lettres et Sciences Humaines de l'Université de Rennes, 1968, 55-63.

——: «Papeletas para un argot de hoy», en *Estafeta Literaria*, Madrid, número 398 (15 de junio de 1968) y ss. (en la sección *El idioma nuestro de cada día*).

PASTOR Y MOLINA, Roberto: «Vocabulario de madrileñismos» (primera serie), en *Revue Hispanique*, París-Nueva York, XVIII (1908), 51-72. (R. Pastor y Molina es seudónimo de Adolfo Bonilla y San Martín; compuso este vocabulario en colaboración con Raymond Foulché-Delbosc.)

PUYAL ORTIGA, Joaquín María: *Terminología futbolística*, Universidad Central de Barcelona (Departamento de Lengua española), 1972. (Tesis de licenciatura inédita.)

ROPERO NÚÑEZ, Miguel: *El léxico caló en el lenguaje del cante flamenco*, Universidad de Sevilla, 1978.

RUBIO, Enrique: *Investigación en marcha*, Barcelona, Linosa, 1971. (Contiene un vocabulario con 421 voces del argot delincuente. Es plagio del *Vocabulario del caló jergal*, apuntes ciclostilados de la Escuela de Inspectores de Policía de Madrid.)

SALILLAS, Rafael: *El delincuente español. El lenguaje* (estudio filológico, psicológico y sociológico), Madrid, Librería de Victoriano Suárez, 1896. (Contiene dos vocabularios de la jerga delincuente, pp. 263 a 335. Es el primer estudio importante sobre el argot delincuente contemporáneo.)

SALVADOR, Tomás: *Diccionario de la Real Calle Española*, tomo I, Barcelona, Ediciones 29, 1969. (Sólo ha aparecido este primer volumen, que comprende hasta la voz «algarabía». El tratamiento es más literario que filológico.)

SÁNCHEZ, Antonio: «Así hablan los marginados», en *Interviu*, Barcelona, 4 de enero de 1979. (Contiene 532 voces, en especial del argot delincuente y de la droga.)

SECO, Manuel: *Arniches y el habla de Madrid*, Madrid-Barcelona, Alfaguara, 1970. (Trabajo serio. Contiene un vocabulario popular, pp. 269 a 538.)

SERRANO GARCÍA, Pedro: *Delincuentes profesionales contra la propiedad*, Madrid, Imprenta de Justo López, 1935. (Contiene un vocabulario del argot delincuente. Es la obra más importante sobre este lenguaje después de la de Salillas.)

——: *Vocabulario ilustrado del caló delincuente,* 3.ª ed., Madrid, La Xilográfica, s. a. [1945]. (Edición corregida y aumentada de su obra anterior. Ha sido plagiada por la Guardia Civil bajo el título *Vocabulario del «caló» de los maleantes,* Madrid, 1949-1950.)

Toro Marzal, Alejandro del: «Sistemas de investigación del lenguaje del delincuente», en *Revista de Estudios Penitenciarios,* Madrid, núms. 208-211, 1975.

Villarín, Juan: *Diccionario de argot,* Madrid, Ediciones Nova, 1979. (Contiene muchas voces inusuales y abundantes errores. Carece de fiabilidad.)

Vinyoles i Vidal, Joan J.: *Vocabulari de l'argot de la delinqüència,* Barcelona, Millà, 1978. (Obra de interés por las concomitancias que el argot delincuente catalán presenta con el castellano.)

Yale y Sordo, Julen: *Diccionario del pasota,* Barcelona, Planeta, 1979. (Contiene 389 voces, muchas de ellas no propiamente pasotas, y de las cuales 322 están plagiadas del vocabulario de Antonio Sánchez *Así hablan los marginados.*)

Yndurain, Francisco: *Sobre madrileñismos,* Madrid, 1967. Separata de *Filología Moderna,* núms. 27-28.

Zamora Vicente, Alonso: «Una mirada al hablar madrileño», en *Lengua, literatura, intimidad,* Madrid, Taurus, 1966, pp. 63 a 73.

Todas las voces y expresiones que figuran en este diccionario las he recogido de fuentes orales (principalmente en Barcelona, Madrid, Zaragoza, Bilbao y Sevilla) y literarias: un total de 130 novelas de autores españoles contemporáneos, que me ha permitido matizar las distintas acepciones y dar una mayor amplitud geográfica a las voces seleccionadas.

Figuran en la obra tanto vocablos de argot propiamente dicho como de lenguaje popular, pues la diferenciación entre uno y otro, en general, se rige más por criterios subjetivos que filológicos. Ante la necesidad de fijar unos límites, he recogido las voces y acepciones que no figuran en la última edición del diccionario de la Academia (1970), salvo contadas excepciones.

Siempre que una voz se usa en un grupo social o profesional determinado, lo indico antes de su definición. Esto no debe interpretarse de un modo tajante, pues algunas de estas voces pueden utilizarse en otros ámbitos, como sucede con muchas de la jerga deportiva que han trascendido al argot común. Especialmente difícil me ha resultado clasificar algunos términos del argot marginal (los empleados por quienes la «sociedad buena» considera delincuentes), pues con el progresivo aumento de la marginación, este lenguaje se emplea en capas sociales cada vez más amplias, sobre todo entre los llamados pasotas,

29

que en no pocos casos utilizan un argot común al de los marginados. De este argot, en su mayor parte de origen gitano, he recogido tan sólo el más usual.

He procurado que las definiciones resulten claras. Esto me ha llevado en algunos casos a definir con términos considerados vulgares, pero mucho más conocidos y usuales que sus equivalentes cultos.

Un diccionario de estas características no puede presentarse nunca como una obra acabada. Mi propósito es revisarlo y actualizarlo en sucesivas ediciones, para que no se convierta en un cementerio de palabras. Agradeceré por ello todas cuantas informaciones y sugerencias contribuyan a mejorarlo.

Víctor León
Montserrat de Casanovas, 214
Barcelona-32

abs.	verbo absoluto	loc.	locución
Ac.	diccionario de la Academia	m.	sustantivo masculino
		m. adv.	modo adverbial
adj.	adjetivo	marg.	argot de los marginados
adv.	adverbio	med.	argot médico
aum.	aumentativo	mil.	argot militar
box.	argot del boxeo	p. a.	participio activo
cicl.	argot ciclista	pas.	argot de los pasotas
com.	sustantivo común	pl.	plural
dep.	argot del deporte	por ext.	por extensión
dim.	diminutivo	p. p.	participio pasivo
dro.	argot de la droga	prnl.	verbo pronominal
esc.	argot de escolares	pron.	pronombre
est.	argot estudiantil	prost.	argot de prostitutas
eufem.	eufemístico, ca	refr.	refrán
expr.	expresión	s.	sustantivo masculino y femenino
f.	sustantivo femenino		
fr.	frase	sing.	singular
fút.	argot del fútbol	tor.	argot taurino
inf.	argot infantil	tr.	transitivo
interj.	interjección	uni.	argot universitario
intr.	intransitivo	v.	véase

A

aborregarse prnl. Seguir servilmente las ideas o iniciativas ajenas.

aborto m. Persona muy fea.

abrigo *de abrigo* loc. De alivio, de cuidado. // Tremendo, impresionante.

abrirse prnl. Largarse, irse, marchar precipitadamente.

abuelo m. (mil.) Soldado al que le quedan menos de seis meses de mili. // *¡tu o su abuela!* Expresión de enojo.

Abundio *ser más tonto que Abundio* fr. Ser muy tonto.

acáis m. pl. (marg.) Ojos.

aceite m. (dro.) Hachís de consistencia viscosa y buena calidad.

aceitunas *cambiar el agua a las aceitunas* v. agua.

acera *ser de la acera de enfrente* fr. Ser homosexual.

ácido m. LSD.

aclararse prnl. Poner claridad a las propias ideas; proceder con serenidad.

acojonado, da s. y adj. Cobarde. // p.p. Asustado, acobardado, atemorizado. // Impresionado, sorprendido, estupefacto.

acojonador, ra adj. Acojonante.

acojonamiento m. Miedo.

acojonante adj. Atemorizador. // Asombroso, impresionante, increíble. // Magnífico, estupendo, formidable.

acojonar tr. y prnl. Atemorizar, asustar, acobardar. // Impresionar.

acojono m. Miedo, temor.

acordarse de alguien prnl. Se usa en expresiones de insulto o amenaza dirigidas generalmente a la madre, al padre o a la familia de alguien.

acostarse con alguien fr. Joder.

achantar tr. y prnl. Callar. // (Ac.) Intimidar, acobardar. // *achantar la muy* v. muy.

achicharrar tr. Matar con arma de fuego, acribillar a balazos.

achuchá v. vida.

adoquín m. y adj. (Ac.) Torpe e ignorante.

afanar tr. (Ac.) Hurtar.

afeitar tr. Pasar rozando.

afro adj. Se dice del peinado con el pelo muy rizado.

agarrar *agarrarla* fr. Emborracharse. // *estar bien agarrado* fr. Tener buenas influencias. // *tener a donde agarrarse* fr. Tener cuerpo exuberante una mujer.

agilipollado, da adj. Abobado

agilipollarse prnl. Volverse gilipollas.

agua *¡agua!* interj. (marg.) Voz con la que se avisa de un peligro. // *agua milagrosa* (fút.). Agua con la que el cuidador reanima súbitamente a un jugador supuestamente lesionado. // *cambiar el agua a las aceitunas, al canario, a las castañas, a los garbanzos* o *a las olivas* fr. Mear el hombre. // *dar el agua* fr. (marg.) Avisar de un peligro, poner en guardia. // *mear agua bendita* fr. Ser muy beato.

agujero m. Coño.

ahorcar tr. En el juego del dominó, impedir que otro jugador pueda colocar una ficha doble.

ajo m. (dro.) Dosis de LSD. // *¡ajo y agua!* Expresión apocopada de «¡A joderse y aguantarse!»

ajuntarse prnl. Vivir maritalmente sin estar casados.

ala *las... del ala* loc. Las... pesetas consabidas. // *tocado del ala* loc. Algo loco.

alares m. pl. (marg. Ac.) Pantalones.

albondiguilla *hacer albondiguillas* fr. Hacer pelotillas de moco con los dedos.

alcahué m. Cacahuete.

alcancía f. Coño.

alegrías f. pl. Genitales masculinos.

alerón m. Sobaco.

aliviar tr. Robar, hurtar.

almeja f. Coño.

almondiguilla v. albondiguilla.

aloba(d)o, (d)a adj. Atontado.

alondra m. Albañil.

alpargata *a golpe de alpargata* v. golpe.

alpiste m. Bebida alcohólica, especialmente vino.

alterne m. Relación complaciente, que puede llegar o no a la prostitución, de camareras y cabareteras de algunos establecimientos, con los clientes.

alto v. estar.

alucinado, da adj. Pasmado, asombrado, impresionado.

alucinante p.a. Impresionante, asombroso, increíble.

amariconarse prnl. Afeminarse.

amarillo adj. Se dice del sindicato que se actúa de acuerdo con los intereses de la patronal.

amariposado adj. Afeminado.

amigo, ga m. y f. Amante

amiguete m. Amigo, especialmente el que tiene influencias.

¡amos! interj. ¡Vamos! Encabeza frases, especialmente rimadas, que expresan incredulidad, burla o rechazo: *¡Amos pira, lavativa! ¡Amos caga, Barinaga! ¡Amos vete, salmonete! ¡Amos quita, pildorita! ¡Amos anda! ¡Amos corta!*, etcétera.

amuermado, da adj. Con muermo.

analfabestia com. Analfabeto.

anarco, ca s. y adj. Anarquista.

anarcopasota com. Pasota que se cree anarquista.

¡anda! interj. Encabeza frases para rechazar a alguien con enfado o desprecio, o para dar por zanjada una discusión: *¡Anda y que te den pomada! ¡Anda y que te folle un guarro! ¡Anda y que te pise una vaca! ¡Anda y que te la casque tu madre! ¡Anda y que te zurzan! ¡Anda y que te zurzan con hilo negro! ¡Anda y que te ondulen! ¡Anda y que te den morcilla!* // Encabeza exclamaciones de asombro, sorpresa, admiración o contrariedad. Se usan especialmente: *¡Anda la hostia! ¡Anda la órdiga! ¡Anda la leche! ¡Anda la osa! ¡Anda la puta!*

andoba com. (Ac.) Individuo, sujeto, fulano.

anfeta f. (dro.) Anfetamina.

angelito m. Individuo de cuidado, pájaro de cuenta.

anginas f. pl. Tetas.

anglicón, na s. y adj. Inglés.

antenas f. pl. Orejas.

año *año de la nana, de la pera, de la polca, de la Quica* o *del catapún* loc. Muy antiguo o remoto.

apalancado, da p.p. Escondido. // Acomodado en un lugar.

apalancar tr. Guardar, esconder. // prnl. Acomodarse en un lugar, quedarse en un sitio.

apañado, da p.p. Aviado, en situación apurada o difícil.

apaño m. Relaciones amorosas continuadas e irregulares. // Amante.

aparato m. Picha. // Coño. // *¡Casi nadie al aparato!* Expresión ponderativa.

apearse prnl. Retirar la picha

después de la cópula. // *apearse en marcha* v. marcha.

apimplarse prnl. Emborracharse; embriagarse ligeramente.

apio m. Afeminado, marica.

apiolar tr. (Ac.) Matar.

aprovecharse prnl. Magrear valiéndose de la ocasión casual y propicia.

apurado *te veo muy apurado* fr. Se le dice humorísticamente al que está fumando un puro.

araña *matar la araña* fr. Perder el tiempo.

ardilla f. y adj. Avispado.

arguila f. (dro.) Pipa para fumar kifi.

ariete m. (fút.) Jugador que ocupa la posición más adelantada.

arma f. Picha. // *limpiar el arma* fr. (mil.) Joder el hombre. // *pasar por las armas* fr. Joder el hombre a la mujer.

armado p.p. Con la picha en erección.

armarse prnl. Ponerse en erección.

arrejuntarse prnl. Vivir maritalmente sin estar casados.

arrimarse prnl. Acercarse mucho a la pareja en el baile. // Vivir maritalmente sin estar casados.

arrimo m. Amante. // Relaciones amorosas continuadas e irregulares.

arroz *¡que si quieres arroz, Catalina!* Expresión de contrariedad o imposibilidad usada cuando no se consigue lo que se desea o espera.

arrugarse prnl. Acobardarse, achicarse.

artículo *hacer el artículo* fr. Alabar o elogiar una cosa.

artillería f. (fút.) Delantera de un equipo.

artillero m. (fút.) Delantero de un equipo o cualquier otro jugador que dispara fuerte y con eficacia.

asadura o **asaúra** f. Flema, pachorra; poca gracia, mala sombra; pesadez, insistencia molesta. // com. Persona que tiene los anteriores defectos.

asar tr. Matar con arma de fuego, acribillar a balazos.

asfixiado, da *estar asfixiado* fr. Estar sin dinero, encontrarse en mala situación.

asinar tr. (marg.) Tener.

astilla f. (marg.) Parte del beneficio obtenido en un robo, timo, estafa, etc., que corresponde a cada uno de los implicados.

asuntillo m. Lío, arrimo, apaño. // Ligue, plan, aventura amorosa. // Pequeño negocio, por lo general no muy decente.

asunto m. Coño. // Picha. // Menstruación. // Jodienda, cópula. // Lío, arrimo, apaño. // Ligue, plan, aventura amorosa.

aúpa *de aúpa*. Locución ponderativa equivalente a tremendo, impresionante. // *ser de aúpa* fr. Ser de mala índole o condición. // Ser de cuidado, peligroso.

aureola *estar hasta más arriba de la aureola* fr. Estar harto de alguna persona o cosa.

avión *hacer el avión* fr. Fastidiar, perjudicar, hacer una mala pasada.

azotea f. Cabeza. // *estar mal de la azotea* fr. Estar loco o chiflado.

azulgrana adj. y s. Del club de fútbol Barcelona.

B

baba *cambiar babas* fr. Besarse. // *mala baba* loc. Mala intención, mala índole. // Mal genio, mal carácter. // Mal humor, mal talante.

babero *los del babero*. Hermanos de la Doctrina Cristiana.

bacalada f. Soborno.

bacalao m. Coño. // *¡te conozco, bacalao!* Locución con que uno da a entender que conoce bien el modo de reaccionar de alguien, o que ha descubierto sus intenciones.

bacilar v. vacilar.

bacilón v. vacilón.

baila(d)o *¡que me quiten lo baila(d)o!* Frase con la que se muestra satisfacción por lo que ya se ha disfrutado, sin importar posteriores circunstancias adversas.

baile m. En el argot bancario, error que consiste en invertir dos cifras al registrar una cantidad. // *hacer el baile* fr. (fút.) Pasarse dos jugadores de un mismo equipo la pelota para perder tiempo o ridiculizar a los adversarios.

bailón, na adj. y s. Persona muy aficionada a bailar.

bailongo m. Baile de muy baja categoría.

bajada f. (dro.) Fase final en la que disminuyen los efectos de la droga. // *bajada de pantalones*. Cesión en condiciones deshonrosas.

bajarse prnl. Practicar la felación o el cunnilinguo.

bajines, bajini, bajinis *por lo bajines, por lo bajini, o por lo bajinis* m. adv. En voz baja.

baldeo m. (marg.) Cuchillo, navaja.

ballena f. Persona muy gorda.

banda *coger por banda* fr. Coger a uno para ajustarle las cuentas o para discutir un asunto.

bandera o **de bandera** adj. y loc. (Ac.) Magnífico, excelente. // Aplicado a una mujer, con muy buen tipo.

banderilla f. Tapa de aperitivo pinchada en un palillo.

bando *ser del bando contrario* fr. Ser homosexual.

banquete *darse el banquete* fr. Magrearse.

banquillo m. (dep.) Lugar donde permanecen sentados el entrenador y los jugadores reservas durante el partido. // *chupar banquillo* fr. (dep.) Permanecer un jugador en el banquillo durante todo el encuentro o gran parte de él.

bañera *la bañera.* Tortura que consiste en introducir la cabeza de alguien en el agua hasta producirle casi la asfixia.

baranda m. (marg.) Jefe; director.

bárbaro, ra adj. Muy grande, enorme, tremendo. // adj. y adv. Estupendo, extraordinario, sensacional.

barbas m. sing. Barbudo.

bardaje m. Homosexual pasivo.

bardeo v. baldeo.

baré m. (marg.) Duro, moneda de cinco pesetas.

baró m. (marg.) Duro, moneda de cinco pesetas.

barra *la barra.* Tortura que consiste en dejar colgado a alguien de una barra a la que está sujeto por pies y manos.

barriga f. Embarazo, preñez. // *cargar la barriga* o *hacer una barriga fr.* Embarazar, especialmente a la mujer soltera. // *rascarse la barriga* fr. Gandulear, estar sin hacer nada. // *tener barriga* fr. Estar embarazada. // *tocarse la barriga* fr. Gandulear, estar sin hacer nada.

barrila f. Bronca, escándalo.

barrio *barrio chino.* Barrio de los bajos fondos. // *barrio de los calvos.* Cementerio. // *irse al otro barrio* fr. Morirse. // *mandar al otro barrio* fr. Matar.

bártulos *liar los bártulos* fr. Morir.

barullo *a barullo* m. adv. En abundancia, en cantidad.

basca f. (marg.) Gentío. // Pandilla.

bastes m. pl. (marg.) Dedos.

basto, ta adj. (Ac.) Ordinario, vulgar. Se usa en numerosas frases comparativas: *Más basto que un condón de esparto; más basto que un condón de esparto con la punta de uralita; más basto que unos calzoncillos de rocalla; más basto que unas bragas de pana; más basto que unos sostenes con bisagras; más basto que unos sostenes de hojalata; más basto que pegarle a un padre con un calcetín sudao; más basto que un bocadillo de hostias; más basto que un bocadillo de garbanzos; más basto que un bocadillo de chapas; más basto que un bocadillo de yeso; más basto que llevar un cerdo a la ópera; más basto que matar un cerdo a besos; más basto que un rosario de melones; más basto que la Bernarda, que se bajaba las bragas a pedos.*

batallita *contar batallitas* fr. Contar sucesos pasados en los que uno mismo se presenta como protagonista destacado.

bato, ta m. y f. (marg.) Padre, madre.

bautista m. Chófer particular.

beata f. (Ac.) Peseta.

bebercio *el bebercio.* La bebida.

beibi f. (pas.) Chavala; novia.

belfo *aplaudir el belfo* fr. Abofetear.

bemoles m. pl. Arrojo, valor, coraje. Sustituye a *cojones,* como eufemismo, en numerosas frases y locuciones.

beneficiarse prnl. Poseer sexualmente, joder.

beo m. (marg.) Coño.

beri *las del beri* loc. Malas intenciones.

berrearse prnl. (marg.) Confesar; delatar.

berza *estar con la berza* fr. Estar como atontado.

berzas m. (Ac.) Estúpido.

berzotas m. Estúpido, majadero.

bestia *a lo bestia* m. adv. Con dureza, sin contemplaciones.

besugo m. y adj. Estúpido.

biblia f. (dro.) Librillo de papel de fumar. // *la biblia* loc. Cantidad grande o excesiva; el colmo, el súmmum, el no va más. // *la biblia en pasta* o *en verso* loc. La biblia, cantidad grande o excesiva.

bicho m. (dro.) Dosis de ácido. // (mil.) Recluta.

biela f. Pierna.

bigote *de bigote* m. adv. De excepción, estupendo, extraordinario, sensacional. // De envergadura, muy grande, enorme, tremendo. // *menear el bigote* fr. Comer. // *bigotes* m. sing. Bigotudo.

bikini m. Bocadillo caliente de jamón de York y queso.

bilis *tragar bilis* fr. Aguantar la rabia, el coraje o la irritación.

billete m. Billete de mil pesetas. // *billete verde.* Billete de mil pesetas.

birlar tr. (Ac.) Hurtar, quitar.

biruji m. Frío intenso; viento helado.

bisabuelo m. (mil.) Soldado al que le quedan menos de tres meses de mili.

bisni m. (pas.) Trapicheo.

bistec m. Lengua. // *achantar el bistec* fr. Callar.

blanca f. (dro.) Cocaína. // *la blanca* (mil.) La cartilla militar. // *dar la blanca* fr. (mil.) Licenciar.

blancanieves f. Coche blanco de la policía.

blanco, ca adj. (marg.) Sin antecedentes penales.

blanquiazul adj. y s. Del club de fútbol Español.

blanquillo m. (fút.) Jugador del Zaragoza.

blanquiverde adj. y s. Del club de fútbol Betis.

blocar tr. (dep.) En el fútbol y balonmano, parar y retener el portero con seguridad el balón. // En el boxeo, parar el púgil con los guantes o los brazos el golpe del adversario.

bobales com. Bobo.

boca *dar boca* fr. Dar conversación, entretener con la charla. // *mear en la boca* fr. Apabullar, humillar, dejar en ridículo. // *partir la boca* fr. Golpear en la cara. Se usa especialmente como amenaza.

bocata m. Bocadillo.

bocinazo *dar el bocinazo* fr. Informar confidencialmente.

boda *hacer una boda* fr. Entre

anticuarios, completar un objeto con una o varias partes de otro.

bodi m. (pas.) Cuerpo.

bodrio m. Obra literaria o artística de pésima calidad.

bofetada *darse una bofetada* fr. Darse un trompazo. // *no tener (ni) media bofetada* fr. Ser canijo, pequeño, débil.

bofia f. La policía. // m. Policía.

bola f. Cojón. // Músculo bíceps cuando está contraído.// (dep.) En tenis, golf y fútbol, pelota. // (marg.) Libertad. // *bola de billar.* Cabeza calva. // *dar (la) bola* fr. (marg.) Conceder la libertad. // *salir en bola* fr. (marg.) Salir de la cárcel en libertad.

bolamen m. Los dos cojones.

bolo m. Picha. // Toledano. // (marg.) Duro, moneda de cinco pesetas. // *andar con el bolo colgando* fr. Comportarse con desidia.

bolsa f. Escroto; por ext., cojones. // *bolsa de los cojones, de los huevos* o *de las pelotas.* Escroto.

bollera f. Lesbiana.

bollo m. Coño. // Cópula sexual entre dos mujeres. // Lío, jaleo, alboroto, confusión, disputa.

bomba adj. y adv. Extraordinario, sensacional. // *estar bomba* fr. Dicho de una mujer, estar muy buena, tener buen cuerpo. // *pasarlo bomba* fr. Disfrutar, divertirse mucho, pasarlo muy bien.

bombo m. Vientre de la mujer preñada. // *dejar con bombo* fr. Preñar. // *hacer un bombo* fr. Preñar.

bombón m. Mujer guapa y atractiva.

boniato m. (marg.) Billete de mil pesetas.

boqueras m. (marg.) Funcionario de prisiones.

boquerón m. y adj. Malagueño.

boqui m. (marg.) Funcionario de prisiones.

borde adj. y s. Persona malintencionada, que hace malas pasadas. // Persona estúpida, intratable.

botas *colgar las botas* fr. (dep.) Abandonar la práctica del fútbol. // *ponerse las botas* fr. Disfrutar hasta la saciedad de la comida, del sexo o de cualquier otro placer.

bote m. Recipiente donde los camareros guardan las propinas para el fondo común. // Propina que se da a los camareros. // *chupar del bote* fr. Aprovecharse, sacar beneficio o ganancia sin esfuerzo o trabajo. // *dar el bote* fr. Despedir, echar fuera. // *darse el bote* fr. Marcharse, largarse; escapar. // *tener en el bote* fr. Haber conseguido una cosa o conquistado a una persona.

botica f. Bragueta.

botijo m. Persona gruesa. // Camión cisterna antidisturbios.

botones m. pl. Cojones.

braga *estar hecho una braga* loc. Estar agotado, rendido, muerto de cansancio. // *bragas*

m. Bragazas, calzonazos, hombre demasiado condescendiente. // *estar en bragas* loc. Estar sin dinero. // *pillar en bragas* fr. Pillar a uno de improviso sin estar preparado en algo.

bragazas m. y adj. (Ac.) Hombre demasiado condescendiente.

bragueta *oír por la bragueta (como los gigantones)* fr. Entender mal o ser duro de oído.

brava *por la brava* m. adv. Por la fuerza, con imposición.

breje m. (marg.) Año de edad.

brocha *¡voy con la brocha!* Frase interjectiva con la que uno advierte de su presencia.

bronce *ligar bronce* fr. Broncearse al sol.

brutal adj. Enorme, colosal. // Magnífico, maravilloso.

bruto *ponerse bruto* fr. Ponerse muy excitado sexualmente.

buchante m. (mar.) Tiro.

bueno, na *estar bueno* o *estar buena* fr. Tener un cuerpo sexualmente atractivo un hombre o una mujer. // *la buena* (marg.) La derecha.

bufanda f. Entre funcionarios públicos, gaje, gratificación extra. // *hacer la bufanda* fr. Realizar el cunnilinguo o la felación.

buga m. Automóvil.

buitre m. Aprovechado, egoísta.

bujarra m. (marg.) Bujarrón.

bujarrón m. (Ac.) Homosexual activo.

bul m. (marg.) Ano; culo.

bulto m. (mil.) Recluta.

bullarengue m. Culo de mujer, especialmente el voluminoso.

búnker *el búnker*. Sector político más reaccionario.

bunkeriano, na adj. Reaccionario, de extrema derecha.

burda f. (marg.) Puerta.

bureo *ir de bureo* fr. Ir de juerga. // *darse un bureo* fr. Darse una vuelta, pasear.

burlar intr. (marg.) Jugar dinero, especialmente a dados o cartas.

burle m. (marg.) Juego prohibido.

burra f. Bicicleta.

burrada f. Necedad. // *una burrada* m. adv. Una enormidad.

burrear tr. (marg.) Engañar. // (marg.) Robar.

burro, rra adj. Tozudo. // *ponerse burro* fr. Ponerse tozudo. // Ponerse muy excitado sexualmente. // *no ver tres en un burro* fr. Ser muy miope.

burrocracia f. Burocracia.

buscona f. (Ac.) Puta.

bustaca m. (dro.) Bustaid.

buten *de buten* loc. (Ac.) Excelente, magnífico.

butifarra f. Picha.

butrón m. (marg.) Boquete para entrar a robar. // (marg.) Faltriquera o bolso en forma de delantal que las mecheras llevan colgado a la cintura, debajo de la falda, para ocultar lo que hurtan.

buzón m. Boca grande. // Persona que sirve de enlace en una organización clandestina.

C

ca f. Casa de.

caballa s. y adj. Ceutí.

caballería *de caballería* loc. De carácter o genio muy violento.

caballo m. (dro.) Heroína. // *caballo blanco*. Persona que aporta dinero para algún negocio o actividad de resultado dudoso. // *de caballo* loc. Referido a una enfermedad, muy grave o rebelde al tratamiento. // *saber menos que un caballo de cartón* fr. Ser muy ignorante. // *ser más lento que el caballo del malo* fr. Ser muy lento.

cabe m. Golpe dado al balón o a la pelota con la cabeza.

cabellera *soltarse la cabellera* fr. Lanzarse a hablar o a actuar decididamente, sin miramiento. // *tomar la cabellera* fr. Tomar el pelo, burlarse.

cabestro m. Cornudo, hombre cuya mujer le es infiel. // Hombre obtuso y torpe.

cabeza *cabeza cuadrada*. Alemán.

cabezón m. Moneda de cincuenta pesetas con la efigie de Franco.

cabra *estar como una cabra* fr. Estar loco o chiflado.

cabritada f. Mala pasada, acción malintencionada.

cabrito m. (Ac.) Cabrón, el que consiente el adulterio de su mujer. // (Ac.) Cliente de prostituta. // *cabrito, ta* m. y f. Persona que hace cabritadas o malas pasadas. // Persona que aguanta pacientemente situaciones injustas o muy penosas.

cabrón m. (Ac.) El que consiente el adulterio de su mujer. // *cabrón, na* m. y f. (Ac.) Persona que hace cabronadas o malas pasadas. // (Ac.) Persona que aguanta pacientemente situaciones injustas o muy penosas. // adj. Malo, pésimo (no referido a personas). // *cabrón con pintas*. Individuo que hace grandes cabronadas.

cabronada f. (Ac.) Mala pasada, acción malintencionada.

cabronazo m. Individuo que hace grandes cabronadas.

cabroncete m. Individuo despreciable.

caca f. Cosa de poco valor o mal hecha; cosa despreciable, insignificante. // m. Culo. // *¡caca!* Exclamación de desagrado ante un desacierto o contrariedad. // Exclamación para hacer desistir a los niños muy pequeños de que coman, toquen o hagan algo que no deben. // *¡caca de la vaca!* Expresión de contrariedad, rechazo o negación.

cacao m. Lío, jaleo, barullo, follón, escándalo. // *cacao mental.* Confusión mental.

cacarelo m. (marg.) Gallo.

cacatúa f. Mujer fea, vieja y de aspecto estrafalario.

cacharra f. (mil. y marg.) Pistola.

cacharrazo m. Trompazo, porrazo, golpe violento.

cacharro m. (marg.) Pistola. // (dro.) Porro.

cachas adj. Bien plantado, fornido, musculoso. // *estar cachas* fr. Estar fuerte y musculoso un hombre.

cacho *ser un cacho de pan* fr. Ser muy bondadoso.

cachola f. Cabeza.

cachondeo m. (Ac.) Burla, guasa, broma. // Juerga, diversión, alegría. // Jaleo, alboroto; situación confusa, inaudita.

cachondez f. (Ac.) Excitación y deseo sexual. .

cachondo, da adj. (Ac.) Caliente, con excitación y deseo sexual. // (Ac.) Divertido; bromista. // Aplicado a una mujer, sexualmente atractiva. // *cachondo* o *cachonda mental* Persona muy alegre, jovial, divertida. // Persona obsesionada por los placeres del sexo.

cachondón, na adj. Muy cachondo.

cadenas m. Individuo presuntuoso, jactancioso.

caderamen m. Caderas de mujer.

caer intr. Ser detenido un activista político.

café *café con leche.* Homosexual; afeminado. // *mal café* loc. Mal humor, mal talante. // Mal genio, mal carácter. // Mala intención, mala índole.

cafelito m. Café.

cafetera f. Aparato o automóvil en mal estado o funcionamiento. // adj. Débil, enfermizo; decrépito.

cagada f. (Ac.) Desacierto, pifia, metedura de pata.

cagado, da adj. (Ac.) Cobarde. // (Ac.) Pusilánime. // *estar cagado* fr. Estar muerto de miedo.

cagalera f. Miedo, cobardía.

cagar *¡cagada la hemos!* Expresión para indicar contrariedad ante algún imprevisto o contratiempo. // *cagarla* fr. Meter la pata, pifiarla, hacer o decir algo inoportuno o desacertado. // *cagarse* prnl. Atemorizarse; acobardarse. // Seguido de complemento se usa en exclamaciones de irritación o enfado (*¡me cago en la puta! ¡Me cago en diez! ¡Me cago en la leche!*), de insulto o imprecativas (*¡Me cago en la madre que te parió! ¡Me cago en tus muertos! ¡Me cago en la leche que mamaste!*), irreverentes (*¡Me cago en Dios! ¡Me cago en la hostia! ¡Me cago en el copón divino!*) // *¡cágate!* fr. ¡Asómbrate!, ¡sorpréndete! // *de cagarse* loc. De alivio, de cuidado. // *hacer cagar* fr. Resultar despreciable una persona o cosa // *¡la cagamos!* Expresión de contrariedad ante algún imprevisto o contratiempo. // *¡pa cagarse!* Expresión de disgusto o desprecio. // *pillar cagando* fr. Pillar a uno desprevenido sin preparación o conocimientos en algo. // *...que te cagas* loc. De alivio, de cuidado. // *ser más difícil que cagar a pulso, que cagar de pie* o *que cagar p'arriba* fr. Ser muy difícil. // *ser más feo que el cagar* fr. Ser muy feo. // *ser más viejo que cagar agachado* fr. Ser muy viejo o anticuado. // *¡vete a cagar!* Frase de rechazo o desprecio.

cagódromo m. Váter.

cagüen Contracción de «me cago en».

cáguense *el cáguense* loc. El colmo, el no va más, lo insólito o inaudito.

caguetis m. Miedo, cobardía.

caída f. Detención de un activista político.

caja *la caja tonta, boba, idiota* o *estúpida.* La televisión.

cala f. Peseta. // m. (mil.) Calabozo.

calabaza f. Cabeza.

calada f. Chupada de cigarrillo, puro o porro.

calandria f. Peseta.

calcar tr. Multar un agente de tráfico.

calcetín m. Condón, preservativo. // *a golpe de calcetín* v.

golpe. // *calcetín de viaje.* Condón, preservativo.

calcos m. pl. (marg. Ac.) Zapatos.

caldo *caldo* o *caldo de gallina.* Cigarrillos «Ideales» de papel amarillo. // *caldo de teta.* Leche. // *cambiar el caldo a las aceitunas, a las olivas* o *a los garbanzos* fr. Mear. // *estar a caldo* fr. Estar sin dinero, en situación apurada. // *poner a caldo* fr. Reconvenir, regañar duramente, insultar. // Dar a uno su merecido.

calentar tr. y prnl. Excitar o excitarse sexualmente.

calentón, na adj. Sexualmente ardiente. // *darse el calentón* fr. Magrearse.

calentorro, rra adj. Sexualmente ardiente.

calentura f. Excitación sexual.

calés m. pl. (marg.) Dinero.

calicatas f. pl. Culo.

calientabraguetas f. Calientapollas.

calientapichas f. Calientapollas.

calientapollas f. Mujer que consiente el magreo pero no la cópula sexual.

caliente adj. Sexualmente ardiente. // Algo bebido, alegre. // m. (marg.) Jerga delincuente. // *caliente mental.* Persona obsesionada por los placeres sexuales.

californiano m. (dro.) Variedad de LSD.

calimocho m. Combinado de cocacola y vino.

caliqueño m. Cigarro puro de una variedad muy ordinaria. //

echar un caliqueño fr. Joder.

calorro, rra s. y adj. Gitano.

calvo *ni tanto ni tan calvo.* Expresión con la que se censura la exageración por exceso o por defecto.

calzarse prnl. Poseer sexualmente, joder.

calzonazos m. (Ac.) Hombre demasiado condescendiente.

calzoncillos *calzoncillos del 9 largo.* Calzoncillos largos. // *calzoncillos marianos.* Calzoncillos largos. // *poner los calzoncillos* fr. En la jerga del ajedrez, colocar una pieza de forma que amenace simultáneamente a dos contrarias. // *salir en calzoncillos* fr. En la jerga del dominó, salir con la blanca doble.

calle *escupir a la calle* fr. Interrumpir el hombre la cópula para eyacular fuera. // *hacer la calle* fr. Buscar la prostituta o el prostituto clientes en la calle.

callo m. Mujer muy fea. // *dar el callo* fr. Trabajar.

cama *cama redonda.* Juego erótico en el que simultáneamente participan varias personas. // *hacer la cama* fr. (dep.) Jugada antideportiva que consiste en agacharse o dejar de saltar un jugador cuando el contrario salta para recoger o lanzar la pelota, provocándole su caída. // *llevarse a la cama* fr. Lograr una conquista sexual.

camaruta f. Camarera de bar de alterne.

camellear intr. (dro.) Traficar con droga al por menor.

camello m. Epíteto equivalente a «burro», «bestia», «animal», etcétera. // (dro.) Traficante de droga al por menor. // *disfrutar como un camello* fr. Disfrutar mucho, pasarlo muy bien.

camión *estar como un camión* fr. Tener muy buen tipo una persona, estar muy buena.

camisa *cambiar de camisa* fr. Cambiar interesadamente de partido o de ideas políticas. // *camisa vieja* m. Falangista desde antes de la guerra civil.

camiseta *sudar la camiseta* fr. (dep.) Poner gran empeño un jugador durante el partido.

camisola f. (dep.) Camiseta deportiva propia de un club.

campana *tocar la campana* fr. Masturbarse el hombre.

campeona *campeona de natación.* Se dice de la mujer muy lisa de pecho y de culo (nada por delante, nada por detrás).

campeonato *de campeonato* loc. Estupendo; estupendamente. // Tremendo, impresionante. // Muy grande, muy intenso, muy fuerte.

canario m. Picha. // *cambiar el agua al canario* v. agua. // *sacar el canario a pacer* fr. Disponerse un hombre a mear.

cáncer *acelerar* o *propagar el cáncer* fr. Invitar a fumar.

canco m. Homosexual; afeminado.

candonga f. Peseta.

canear tr. Pegar, golpear.

canelo *hacer el canelo* fr. Hacer el primo; hacer el tonto.

cangrejo m. (marg.) Moneda de veinticinco pesetas.

cangri m. (marg.) Moneda de veinticinco pesetas.

cangrí f. (marg.) Iglesia. // (marg.) Cárcel.

canguelo m. (Ac.) Miedo.

canguro com. Persona que eventualmente cuida niños a domicilio y cobra por horas. // m. (marg.) Furgón policial para la conducción de detenidos.

canicas f. pl. Cojones, especialmente los del niño.

canoa f. (dro.) Porro.

cantada f. Fallo, desacierto.

cantamañanas com. Persona que tiene mucho cuento.

cantar intr. Apestar, oler mal.

cante *quedarse con el cante* fr. Percatarse con disimulo de lo que alguien hace o dice.

cantidad adv. Mucho.

cantidubi adv. Cantidad, mucho.

cantúo, a adj. De cuerpo atractivo.

canutazo m. Telefonazo.

canuto, ta adj. y adv. Estupendo; estupendamente. // adj. Guapo, elegante; de buen tipo. // *canuto* m. (dro.) Porro. // (marg.) Teléfono. // Picha. // *pasarlas canutas* fr. Verse en situación muy difícil, apurada o arriesgada.

caña *dar* o *meter caña* fr. Pegar, golpear, vapulear. // Dar velocidad a un vehículo.

cañón adj. y adv. Muy bien, estupendo, fenomenal. // Aplicado a una mujer, estar muy buena, tener muy buen tipo. // En el argot televisivo, teleobjetivo.

cañonazo m. (fút.) Balonazo, disparo potente a portería.

cao adv. Sin sentido, sin conocimiento.

capador m. (mil.) Zapador.

capitalista m. (tor.) Muchacho que inesperadamente toma parte en una novillada. // (tor.) Espontáneo, aficionado que se lanza al ruedo a torear. // (tor.) Aficionado que se arroja al ruedo para subir a hombros al torero triunfante.

capricho m. Persona joven respecto a otra mucho mayor con la que mantiene relaciones sexuales asiduas, generalmente retribuidas.

capullada f. Sandez, necedad.

capullo m. (Ac.) Prepucio. // Glande. // adj. Estúpido, torpe; desgraciado; novato, inexperto, etc. Se usa especialmente como insulto. // *salirle del capullo* a alguien fr. Darle la gana, querer.

caqui *marcar el caqui* fr. Cumplir el servicio militar.

cara f. (Ac.) Desvergüenza. // adj. y s. Fresco, desvergonzado. // *aplaudir (en) la cara* fr. Abofetear, pegar. // *cara de alguacil*. Semblante severo, adusto y desagradable. // *cara de cemento* o *de cemento armado*. Caradura, desfachatez, descaro, cinismo. // *cara de chiste*. Semblante ridículo, que mueve a risa. // *cara de mala leche.* Cara de mal humor, de mal carácter o de malas intenciones. // *cara de pijo.* Tonto, majadero. // *cara de póquer.* Semblante inexpresivo. // *cara de sargento.* Semblante severo, adusto y desagradable. // *echarle cara* fr. Ser atrevido, descarado o cínico. // *estar con la cara* fr. Estar sin blanca, sin dinero. // *hacer la cara nueva* fr. Golpear en el rostro; dar una paliza. // *llenar la cara de aplausos* o *de dedos* fr. Abofetear, pegar. // *partir la cara* fr. Golpear en el rostro; dar una paliza. // *poner la cara como un mapa* fr. Dejar la cara señalada por los golpes. // *por la cara* m. adv. Con atrevimiento o descaro. // *¿qué es eso, cara queso?, ¿quién te habla, cara tabla?, ¿quién te escucha, cara trucha?* Frases rimadas de burla. // *romper la cara* fr. Golpear en el rostro; dar una paliza. // *tener cara.* Se usa en comparaciones hiperbólicas: *tener la cara más difícil que dar por el culo a un caballo al galope; tener más cara que culo; tener más cara que un buey con flemones; tener más cara que un elefante con paperas; tener más cara que un saco de perras,* etc.

caraba *la caraba.* Expresión ponderativa que se aplica a lo que resulta extraordinario en sentido positivo o negativo, descomunal, insólito, inverosí-

mil, sorprendente, paradójico, etcétera; el colmo, el súmmum, el no va más. // *la caraba en bicicleta.* Expresión de igual significado a la anterior.

carajada f. Cosa insignificante o de poca importancia. // Tontada, sandez, necedad.

carajera f. Follón, jaleo, altercado.

carajillo m. Bebida caliente a base de café y licor, generalmente coñac o anís.

carajo m. Picha. // Muletilla conversacional. // *a carajo sacado* loc. A toda prisa. // *¡al carajo!* Expresión interjectiva de total rechazo o desprecio. // *¡carajo!* Interjección de enfado, disgusto, fastidio; admiración, sorpresa, extrañeza, etcétera. // *de carajo.* Magnífico, estupendo; muy grande, muy intenso. // *del carajo.* Locución que expresa desprecio o menosprecio. // Estupendo. // Tremendo, impresionante. // Muy grande, muy intenso, muy fuerte. // *el quinto carajo.* Lugar muy distante o apartado. // *importar un carajo* fr. Tenerle a uno sin cuidado un asunto, no importarle lo más mínimo. // *irse al carajo* fr. Malograrse estropearse, tener mal fin. // *mandar al carajo* fr. Rechazar a una persona con desprecio, enfado o de malos modos. // *ni carajo* m. adv. Absolutamente nada. // *ni qué carajo.* Fórmula reforzada de negación. // *no valer un carajo* fr. No tener ningún valor,

no servir para nada. // ¡qué
carajo! Refuerza algo que se
acaba de manifestar. // ¿qué
carajo...? Encabeza preguntas
displicentes. // ser más serio
que un carajo fr. Ser muy serio. // ¡un carajo! Fórmula reforzada de negación o rechazo.
// ¡vete al carajo! Frase de rechazo o desprecio.

carbón ¡se acabó el carbón!
Frase con la que se da por
terminada una cosa o por zan-
jado un asunto.

carburar intr. Funcionar, marchar bien; pensar, razonar.

carca adj. y s. (Ac.) Reaccionario, retrógrado, conservador.

cardo m. y adj. Mujer fea. //
cardo borriquero. Mujer muy
fea.

careto m. (marg.) Cara.

cargada f. (est.) Abundancia
de suspensos.

cargarse prnl. (Ac.) Matar, asesinar. // Destruir, romper o
eliminar una cosa. // Poseer
sexualmente, joder.

carnicero m. Cirujano incom-
petente.

carota adj. y s. Cínico, fresco,
desvergonzado.

Carracuca Personaje imaginario que da origen a distintas
frases comparativas: ser más
feo que Carracuca, ser más in-
feliz que Carracuca, ser más
listo que Carracuca.

carrera f. Recorrido en taxi. //
hacer la carrera fr. Recorrer
una prostituta o prostituto los
lugares habituales en busca de

cliente. // Por ext., ejercer la
prostitución.

carro m. Automóvil. // apearse del carro fr. Cejar, desistir.

carroza adj. y f. Viejo, ancia-
no. // Anticuado. // f. Homosexual viejo.

cartón m. Conjunto de diez
paquetes de tabaco empaque-
tados. // cartones pl. (marg.)
Vales que sustituyen al dinero
en la cárcel.

cartulaje m. (marg.) Baraja.

casa f. (dep.) Campo de juego
propio. // casa de cuento.
Prostíbulo. // casa de fulanas.
Prostíbulo. // casa de mala
nota. Prostíbulo. // casa de putas. Prostíbulo. // Lugar donde hay mucho desorden. //
casa de señoras. Prostíbulo. //
casa Dios. Muy lejos.

casar ¡me caso en...! Eufemismo por «¡me cago en...!».

cascar intr. (Ac.) Morir. // tr.
Matar. // cascarla fr. Morir. //
cascarse prnl. Permanecer mucho tiempo haciendo una cosa.
// cascársela fr. Masturbarse
el hombre.

cáscara no haber más cáscaras
fr. No quedar otra solución,
no haber más remedio. // ser
de la cáscara amarga fr. Ser
homosexual o afeminado.

casco el casco. Tortura que
consiste en colocar un casco
de motorista en la cabeza y
golpear con porras u objetos
contundentes.

caseta f. (dep.) Vestuario. //
mandar a la caseta fr. Expul-

sar un árbitro a un jugador del terreno de juego.

casillero m. (dep.) Marcador.

casquete m. Cópula sexual. // *echar un casquete* fr. Joder.

casta adj. Castizo.

castaña f. Puñetazo. // Golpe violento, trompazo. // Peseta. // Borrachera. // Coño. // Año. // *cambiar el agua a las castañas* v. agua. // *¡toma castaña!* Expresión con la que se muestra complacencia ante un hecho adverso que le sucede a alguien, o ante una réplica aguda contra alguien.

castañazo m. (Ac.) Puñetazo. // Trompazo.

Castellón *ser de Castellón de la Plana* loc. Tener poco pecho una mujer.

catalán m. Tren expreso Sevilla-Barcelona, y La Coruña-Barcelona.

catalino, na adj. y s. Catalán.

cataplines m. pl. Cojones.

cátedro com. (uni.) Catedrático.

catre *llevarse al catre* fr. Lograr una conquista sexual.

caucho *quemar caucho* fr. Ir en automóvil a mucha velocidad.

cazo m. (prost.) Chulo, macarra. // *poner el cazo* fr. Cobrar el chulo de su protegida.

cebolla f. Cabeza. // *hacer la cebolla* fr. Apretarse mucho el hombre contra la mujer.

cebolleta f. Picha. // *restregar la cebolleta* fr. Apretarse mucho el hombre contra la mujer.

ceguerón m. (pas.) Estado en que se encuentra el que ha fumado porros en abundancia.

cencerro *estar como un cencerro* fr. Estar loco o chiflado.

cenetero, ra s. y adj. Cenetista, afiliado al sindicato de la CNT.

cenutrio m. Torpe, estúpido.

cepillar tr. Adular. // Birlar, quitar el dinero; desplumar, ganar en el juego. // (fút.) Desviar ligeramente con la cabeza o la bota la trayectoria del balón. // *cepillarse* prnl. Poseer sexualmente, joder. // Matar, asesinar. // Liquidarse, terminar rápidamente un trabajo o asunto. // (est.) Suspender.

cepillón, na adj. y s. Adulón.

cerapio m. (est.) Cero.

cerdada f. Mala pasada, acción malintencionada o indigna.

cerdo, da adj. Vil, despreciable, falto de escrúpulos. // *ser más pesado que dormir un cerdo en brazos* fr. Ser muy pesado, cargante o latoso.

cero m. Coche de la policía (091).

cerrojazo m. En el juego del dominó, cierre.

cerrojo m. (fút.) Táctica de juego muy defensiva.

ceta v. zeta.

ciego m. Borrachera. // Estado similar producido por una droga. // *ponerse ciego* fr. Colmarse de bebida o porros.

cien *el cien*. El váter. // *poner al cien* fr. Poner sexualmente muy excitado. // Poner muy enojado.

cierre *echar el cierre* fr. Callar la boca. // *¡echa el cierre, Robespierre!* Expresión achulada con la que se invita a callar.

cigüeña *la cigüeña.* Tortura que consiste en esposar las manos bajo las rodillas y hacer andar en esta posición. // *esperar la cigüeña* fr. Estar embarazada.

cilindrín m. Cigarrillo. // *incinerar el cilindrín* fr. Encender el cigarrillo.

cimbel m. Picha.

cinco *cinco contra uno* loc. Masturbación masculina. // *estar sin cinco* o *no tener ni cinco* fr. Estar sin dinero.

cipote m. (Ac.) Picha. // adj. (Ac.) Necio, estúpido.

cipotear tr. Joder el hombre.

cirio m. Jaleo, follón, trifulca.

ciruelo m. Picha.

civil m. Arenque salado.

civilón m. Guardia civil.

cla f. Claque del teatro.

clara f. Cerveza con gaseosa.

clareo *darse un clareo* fr. Darse una vuelta, pasear; marcharse, largarse.

claro *¡lo tienes claro!* (pas.) Expresión de incredulidad.

clavel *no tener un clavel* fr. Estar sin blanca, no tener nada de dinero.

clavo *como un clavo* expr. Muy puntual. // *echar* o *meter un clavo* fr. Joder el hombre. // *estar como un clavo* fr. Estar muy delgado. // *estar sin*

un clavo o *no tener un clavo* fr. Estar sin dinero.

clisos m. pl. (marg. Ac.) Ojos.

coca f. (dro.) Cocaína.

cocacolonización f. Imposición de las costumbres yanquis.

cocerse prnl. Emborracharse.

cocido *estar cocido* fr. Estar borracho.

coco m. Cabeza. // Militante del sindicato de Comisiones Obreras. // Cóctel molotov. // *comer el coco* fr. (pas.) Convencer a alguien aprovechándose de su ingenuidad o buena fe; alienar, hacer un lavado de cerebro. // *comerse el coco* fr. (pas.) Preocuparse, darle vueltas a las cosas.

cocorota f. Cabeza.

cóctel o **cóctel molotov** m. Botella con líquido inflamable y mecha.

coche escoba m. (cicl.) El que va recogiendo a los corredores que abandonan la carrera.

codo *desgastarse, pelarse* o *romperse los codos* fr. Estudiar mucho.

coger *cogerla* fr. Emborracharse.

cogida f. Infección venérea.

cogorza f. (Ac.) Borrachera.

cojines m. pl. Testículos.

cojón m. Testículo. // *¡chúpame un cojón!* Frase que expresa desprecio, enojo o negación. // *de cojón* loc. Estupendo, muy bueno; tremendo, impresionante; muy grande, muy intenso. // *importar un cojón* fr. No importar, tener sin cuidado. // *no valer un cojón* fr. No tener ningún valor o mérito. // ¡tócame un cojón! Frase que expresa desprecio, enojo o negación. // un cojón m. adv. Mucho. // ¡un cojón! ¡un cojón de mico! o ¡y un cojón! Formas despectivas de negación, rechazo o disconformidad. // cojones m. pl. Testículos. // ¡cojones! Interjección de enfado, indignación, fastidio, sorpresa, admiración, alegría, etc. // arrugársele los cojones a alguien fr. Atemorizarse, acobardarse. // caer o sentar como una patada en los cojones v. patada. // con cojones loc. Con valentía, decisión, coraje, etc. // con dos cojones loc. Con valor, decisión, coraje, etc. // con más cojones que nadie loc. Con valentía, coraje, etcétera. // con muchos cojones loc. Muy valiente. // con un par de cojones v. par. // de cojones loc. Estupendo, muy bueno; tremendo, impresionante; muy grande, muy intenso; mucho. // m. adv. Estupendamente. // dejar los cojones en casa fr. Mostrar una actitud sumisa. // de los cojones. Expresión despectiva referida a una persona o cosa. // dolerle los cojones a alguien fr. Agotársele la paciencia, estar harto. // ¡échale cojones! Expresión de admiración o disgusto. // echarle cojones fr. Mostrar valentía, coraje o decisión. // estar hasta los (mismísimos) cojones fr. Estar hasta la coronilla, estar harto. //

estar metido hasta los cojones fr. Estar metido de pleno en un asunto dificultoso. // hinchársele los cojones a alguien fr. Agotársele la paciencia, estar harto. // importar tres cojones fr. No importar, tener sin cuidado. // ¡los cojones! Forma interjectiva de negación o rechazo. // ¡manda cojones! Expresión que indica algo inaudito, incomprensible, paradójico, injusto, abusivo o desgraciado. // más negro que los cojones de un grillo fr. Muy negro; muy sucio. // ¡me cago en los cojones! Frase interjectiva de enojo, contrariedad, decisión, etc. // metérsele algo en los cojones fr. Obstinarse, empeñarse en algo. // ¡métetelo en los cojones! Expresión de enojo con que se rechaza una cosa. // ni… ni cojones. Fórmula de negación. // no haber más cojones fr. No haber más remedio, más solución, más alternativa. // no tener más cojones fr. No tener más remedio, no existir otra solución o alternativa. // ¡olé tus cojones! Frase interjectiva de aprobación o admiración. // partirse los cojones fr. Luchar denodadamente, esforzarse mucho en algo. // pasarse por los cojones. Frase que expresa indiferencia, desprecio o superioridad. // poner los cojones encima de la mesa. Frase que expresa actitud autoritaria. // ponérsele los cojones en la garganta fr. Sentir miedo, preocupación o temor. // *ponérsele los cojones por corbata* fr. Sentir miedo, preocupación o temor. // *por cojones* m. adv. A la fuerza, obligatoriamente, porque sí. // Inexcusablemente, irremisiblemente, sin vuelta de hoja. // *¡por los cojones!* Forma de negación. // *¡por mis cojones!* Expresión que denota firme propósito o determinación. // *¡qué cojones!* Expresión que indica decisión o con la que se refuerza lo que se acaba de manifestar. // *¡qué cojones...!* o *¿qué cojones...?* Encabeza frases que expresan malhumor, enojo, extrañeza, duda, displicencia, indiferencia, etc. // *¡qué... ni qué cojones!* Fórmula de rechazo o de negación respecto a lo que alguien acaba de afirmar. // *salirle de los cojones* a alguien fr. Querer, darle a uno la gana. // *sudarle los cojones* a alguien fr. Agotársele a uno la paciencia, estar harto. // *tener cojones* fr. Tener valor, coraje, audacia, autoridad, energía, etc. // Tener flema, pachorra, cachaza. // Tener desfachatez, caradura, cinismo. // *tener los cojones bien puestos* fr. Tener cojones, tener valor. // *tener más cojones que el caballo de Espartero* o *que el caballo de Santiago* fr. Tener cojones, tener valor. // *tener los cojones como un toro* fr. Tener cojones, tener valor. // *tener los cojones cuadrados* fr. Tener cojones, tener valor. //

tener los cojones en su sitio fr. Tener cojones, tener valor. // *tener los cojones pelados* de algo fr. Tener mucha práctica en algo. // *tener los cojones por corbata* fr. Tener miedo, preocupación o temor. // *¡tiene cojones la cosa!* Expresión que indica algo inaudito, inverosímil, paradójico, injusto o abusivo. // *¡tócame los cojones!* Frase que expresa indiferencia, desprecio o superioridad manifiesta. // *tocar los cojones* fr. Fastidiar, molestar, incordiar, importunar. // *tocarse los cojones* fr. Holgazanear, estar sin hacer nada. // *¡tócate los cojones!* Expresión de admiración, sorpresa, disgusto o contrariedad.

¡cojona! interj. ¡Cojones!

cojonada f. Los dos testículos. // Acción estúpida. // *una cojonada* m. adv. Una enormidad, muchísimo.

cojonamen m. Los dos testículos.

cojonazos m. Calzonazos, hombre demasiado condescendiente, de poco carácter. // pl. Cojones grandes. // *tener cojonazos* fr. Tener flema, pachorra, cachaza. // Tener desfachatez, caradura, cinismo.

cojonera f. Los dos testículos. // Escroto. // Suspensorio, protector de los cojones.

cojonudamente adv. Estupendamente.

cojonudo, da adj. Magnífico, estupendo, excelente. // Dicho de una mujer, que tiene un cuerpo atractivo, que está buena. // Grande, extraordinario; importante. // Valiente, decidido; fuerte, resistente; varonil. // Sorprendente, asombroso, increíble, singular.

cola f. (inf.) Picha.

coladero m. (est.) Centro docente, facultad, etc., en donde se aprueba fácilmente.

colado, da adj. Muy enamorado.

colador *dejar como un colador* fr. Acribillar a balazos o navajazos.

colchonero adj. y s. Del club de fútbol Atlético de Madrid.

colega com. (pas.) Amigo, compañero.

coleta *cortarse la coleta* fr. Desearse alguien, hiperbólicamente, un grave mal si no consigue alcanzar un determinado propósito.

colgado, da *estar colgado* fr. Encontrarse sin dinero, amigos, droga, etcétera. // *estar* o *quedarse colgado* fr. Estar bajo los efectos del LSD u otra droga, o no recuperarse de los mismos.

colgar tr. (est.) Suspender en los exámenes.

colilla f. Picha del niño.

colista adj. y s. (dep.) Jugador o equipo que ocupan los últimos lugares en una competición.

colocado, da adj. Achispado, algo bebido. // (dro.) Bajo los efectos de una droga. // (marg.) Detenido.

colocar tr. (marg.) Detener. //

colocarse prnl. Ponerse a tono con la bebida. // Ponerse a tono bajo los efectos de una droga.

colocón m. Borrachera. // Estado similar producido por una droga.

coloqueta f. Borrachera. // (marg.) Detención. // (marg.) Redada de la policía.

color m. (dro.) Droga en general. // *pasarlas de todos los colores* fr. Verse en situación muy difícil, arriesgada o apurada.

columpiarse prnl. Equivocarse, colarse, meter la pata.

combi f. Combinación, prenda interior femenina. // Combinación, plan, artimaña.

comecocos com. Persona o cosa alienante.

comehostias com. Beato.

comemierdas adj. y s. Persona despreciable.

comer *comer el coco* v. coco. // *estar para comérsela* fr. Tener muy buen cuerpo una mujer, estar buena.

comercio *el comercio*. La comida.

comi f. Comisaría de la policía.

comida de coco (pas.) Lavado de cerebro, alienación.

cómix m. Historieta ilustrada underground.

comixero, ra m. y f. (pas.) Dibujante de cómix.

comprar tr. Captar con disimulo lo que otros hacen o dicen, observar, escuchar. // Encabeza frases disparatadas para pedir a alguien que se vaya y deje de importunar con su pesada conversación: *¡Cómprate un muerto y llórale! ¡Cómprate un desierto y bárrelo! ¡Cómprate un calvo y péinalo!*, etc.

¡concho! interj. eufem. ¡Coño!

condón m. Preservativo.

conejo m. Coño. // (mil.) Recluta.

conjuntero m. (pas.) Componente de un conjunto musical.

cono m. (dro.) Variedad de LSD.

consolador m. Utensilio en forma de picha usado para la estimulación sexual.

consorte m. (marg.) Compañero de robo, estafa, etc.

consumado m. (marg.) Producto de un robo. // (dro.) Hachís.

coña f. (Ac.) Guasa, burla disimulada. // Broma pesada, de mal gusto. // Cosa molesta, desagradable, fastidiosa. // Bobada, pejiguera, tontería. // *¡coña!* interj. eufem. ¡Coño! // *coña marinera*. Cosa molesta, desagradable, fastidiosa. // *estar de coña* fr. Estar de broma, de guasa. // Estar muy bien, tener cualidades. // *ni de coña* loc. En absoluto, de ninguna manera. // *ser la coña* fr. Ser el colmo, el no va más, lo insólito o inaudito. // *tomar a coña* fr. Tomar a broma, no dar importancia.

coñazo m. Persona o cosa molesta, pesada, latosa, aburrida, etcétera. // *dar el coñazo* fr.

Dar la lata, dar la tabarra.

¡coñe! interj. eufem. ¡Coño!

coñearse prnl. (Ac.) Guasearse, burlarse.

coñeo m. Burla, chunga, guasa.

coño m. Sexo de la mujer. // Muletilla conversacional. // *¡coño!* Interjección de enfado, extrañeza, contrariedad, fastidio, admiración, alegría, etc. // *¡ay qué coño!* Frase que expresa contrariedad, fastidio, desagrado, etc. // *comer del coño* fr. Ejercer la prostitución // *comer el coño* fr. Hacer el cunnilinguo. // *el quinto coño.* Lugar muy distante o apartado. // *estar hasta el (mismísimo) coño* fr. Estar hasta la coronilla, estar harta. // *¡otra pena pa mi coño!* v. pena. // *picar el coño* fr. Manifestar deseo sexual la mujer. // *¡qué coño!* Expresión que indica decisión o con la que se refuerza lo que se acaba de manifestar. // *¡qué coño…! ¿qué coño…? ¿quién coño…? ¿dónde coño…?* Encabeza frases que expresan malhumor, enojo, extrañeza, duda, displicencia, indiferencia, etc. // *¡qué… ni qué coño!* Fórmula de rechazo o negación respecto a lo que alguien acaba de afirmar. // *salirle del coño* fr. Querer, darle la gana. // *tomar por el coño de la Bernarda* fr. Tener a una persona en poca o ninguna consideración.

coñón, na adj. (Ac.) Burlón.

copichuela f. Copa.

copla *la misma copla* loc. La

misma historia, los mismos argumentos. // *no valer coplas* fr. Resultar inútil cualquier tipo de excusa, lamentación o argumento. // *quedarse con la copla* fr. Percatarse con disimulo de lo que alguien hace o dice.

copón *del copón* loc. Tremendo, enorme, impresionante. // *más... que el copón.* Término de comparación. // *y todo el copón.* Y el resto, y lo que sigue, y lo que es de suponer.

corbata *tenerlos por corbata* fr. Tener mucho miedo, preocupación o temor.

¡corcho! interj. eufem. ¡Coño!

coritatis *en coritatis* m. adv. En cueros, desnudo.

cornamenta f. Atributo simbólico del marido engañado. // *poner la cornamenta* fr. Poner los cuernos.

cornudo adj. y m. (Ac.) Hombre cuya mujer le es infiel.

cornúpeta adj. y m. Cornudo, marido engañado por su mujer.

correrse prnl. Tener el orgasmo. // Eyacular el semen. // Por ext., sentir gran placer.

corrida f. Eyaculación.

cortadillo m. Ligue, plan, aventura amorosa.

cortado, da adj. Cohibido, tímido. // *andar* o *ir cortado* fr. (pas.) Andar sin dinero o sin algo que se necesita.

cortapichas m. (inf.) Cortapicos, tijereta.

cortapitos m. (inf.) Cortapicos, tijereta.

cortar tr. (dro.) Adulterar la droga añadiéndole algún producto. // Encabeza expresiones achuladas para pedir a alguien que corte lo que está diciendo: *¡Corta, Blas, que no me vas! ¡Corta, Drácula, que llevo escapulario! ¡Corta y rema, que vienen los vikingos! ¡Corta el rollo, cara bollo! ¡Corta y mama, que derrama! ¡Corta y vete, que tienes cara de filete!* // *si... me la corto* fr. Desèarse alguien, hiperbólicamente, un grave mal si no consigue alcanzar un determinado propósito.

corte m. Réplica ingeniosa e inesperada. // Situación súbita que produce turbación. // *corte de mangas.* Gesto ofensivo que se hace extendiendo el dedo medio entre el índice y el corazón doblados de una mano, al tiempo que con la otra se golpea la sangradura del brazo opuesto. // Desaire. // *dar corte* algo fr. Dar apuro, dar vergüenza.

corto m. Cortometraje.

cortón, na adj. y s. Corto, tímido, apocado. // Persona aficionada a dar cortes o chascos.

cosa f. Picha. // Coño. // *¡a otra cosa, mariposa!* loc. A otro asunto, a otro tema, a otra cuestión. // *cosa fina.* Expresión ponderativa. // *cosa mala* m. adv. Mucho, en cantidad.

coscarse prnl. Enterarse, percatarse, apercibirse.

costo m. (dro.) Hachís.

cotarro m. Asunto, actividad.

coz f. (dro.) Sensación súbita y placentera de gran intensidad al inyectarse heroína.

cráneo *ir de cráneo* fr. Ir de cabeza, tener entre manos muchas cosas urgentes. // Tener dificultades.

crápula m. Hombre de vida licenciosa.

cremallera *echar la cremallera* fr. Cerrar la boca, callarse.

cristo *armar un cristo* fr. Armar cisco, jaleo, alboroto, follón. // *donde Cristo perdió el gorro*. En un lugar muy distante o apartado. // *ni cristo* m. adv. Nadie. // *ni pa cristo* m. adv. En absoluto, de ningún modo. // *ponerse como un cristo* fr. Ensuciarse, mancharse, ponerse hecho un asco. // *todo cristo* m. adv. Todo el mundo.

crono m. Cronómetro. // (dep.) Tiempo.

cuadrado *estar cuadrado* fr. Ser corpulento. // *tenerlos cuadrados* fr. Tener valor, coraje, audacia, determinación.

cuadro m. (prost.) Número lésbico entre prostitutas para complacer a ciertos clientes.

cualquiera *una cualquiera*. Mujerzuela; puta.

cuartel *dar cuartel* fr. (marg.-pas.) Ayudar, portarse bien con alguien.

cuartelillo *dar cuartelillo* fr. (marg.-pas.) Ayudar.

cuartos m. pl. Dinero. // *¡qué... ni qué ocho cuartos!*

Fórmula de rechazo.

cuatrojos com. Persona que usa gafas.

cubalibre m. Cocacola con ron o ginebra.

cubata m. (pas.) Cubalibre.

cuca f. Peseta. // (inf.) Picha.

cucaracha m. Cura, sacerdote.

cuchara *soplar cuchara* fr. Comer. // *soplar cuchara caliente* fr. Comer bien.

cuelgue m. (dro.) Estado de alelamiento de quien no se recupera de los efectos del LSD u otra droga. // (dro.) Estado producido por una droga.

cuenta *la cuenta*. La menstruación.

cuento m. Puteo; fulaneo; lío. // *cuento chino*. Cuento, embuste, patraña. // *tener más cuento que Calleja* o *que siete viejas* fr. Tener mucho cuento, ser embustero, exagerado, trapisondista. // *vivir del cuento* fr. Vivir sin trabajar.

cuernos m. pl. Infidelidad matrimonial de la mujer. // Atributos simbólicos del marido engañado. // *¡al cuerno!* Expresión interjectiva de rechazo o desprecio. // *importar un cuerno* fr. Tenerle a uno sin cuidado un asunto, no importarle lo más mínimo. // *irse al cuerno* fr. Malograrse, frustrarse, tener mal fin. // *meter un cuerno* fr. (mil.) Arrestar, sancionar. // *poner los cuernos* fr. Ac.) Ser infiel a la pareja. // *romperse los cuernos*

fr. Poner gran empeño o esfuerzo en algo; trabajar duramente. // ¡un cuerno! Forma
despectiva de negación, rechazo o disconformidad. // ¡vete
al cuerno! Frase de rechazo o
desprecio.

cuero m. (marg.) Cartera. //
(fút.) Balón.

cuerpo ¡demasiao pa mi cuerpo! fr. (pas.) Demasiado, increíble, inaudito.

cuervo m. Cura, sacerdote.

culamen m. Culo, especialmente el voluminoso.

culear intr. Mover el culo.

culebra f. Paso de huelguistas
por distintas secciones de una
empresa para extender el paro.

culera(s) adj. y s. Cobarde,
miedoso; servil; excesivamente
preocupado por algo.

culo ¡a tomar por el culo!
Elipsis de las frases « ¡vete a
tomar por el culo! » e «irse
algo a tomar por el culo». //
con el culo al aire loc. En situación apurada o comprometida. // con el culo a rastras
loc. En situación apurada o
comprometida, especialmente
por falta de dinero. // con el
culo prieto loc. Con miedo. //
dar por el culo fr. Realizar la
cópula anal como sujeto activo. // Fastidiar, molestar. //
de culo m. adv. En contra, de
espaldas. // ir con la hora pegada al culo v. hora. // ir de
culo o ir de puto culo fr. Ir de
cabeza, tener muchas cosas urgentes que hacer o muchos
problemas. // Tener dificulta-

des en lograr algo. // irse a
tomar por el culo algo fr. Malograrse, irse al traste, tener
mal fin un asunto; destrozarse
una cosa; salir despedida;
acabar destruida. // lamer el
culo fr. Adular, comportarse
de modo servil. // limpiarse
el culo con algo fr. Despreciar
alguna cosa. // mandar a tomar por el culo fr. Rechazar
a una persona con enfado,
desprecio o de malos modos;
desentenderse de algo molesto
o enojoso. // ¡métetelo en el
culo! Expresión de enojo con
que se rechaza una cosa. //
mojarse el culo fr. Comprome-
terse, tomar partido, arries-
gar. // oír por el culo fr. Ser
duro de oído; entender mal.
// pasarse algo o alguien por
el culo. Frase de desprecio o
indiferencia. // pensar con el
culo fr. Pensar de forma dis-
paratada. // perder el culo fr.
Ir a toda prisa; afanarse o
desvivirse por algo, generalmente en condiciones deshonrosas o serviles. // poner el
culo fr. Ceder, transigir en
condiciones deshonrosas. //
¡que le den por el culo! Frase
de desprecio o indiferencia hacia algo o alguien. // tomar
por el culo fr. Realizar la cópula anal como sujeto pasivo.
// traer de culo fr. Preocupar,
inquietar, especialmente la
persona que gusta. // venir
de culo fr. Presentarse adver-
samente los acontecimientos.
// ¡vete a tomar por el culo!

Frase de rechazo o desprecio.

cumplir intr. Corresponder al deber sexual con la pareja.

cura *en menos que se santigua un cura loco* loc. En un instante. // *este cura.* Yo. // *sentar como a un cura dos pistolas* fr. Resultar inadecuado.

currante adj. y s. Trabajador, obrero.

currar intr. Trabajar. // tr. (marg.) Pegar, golpear, zurrar.

curre m. Trabajo, actividad laboral.

currelar intr. Trabajar. // (marg.) Robar, hurtar.

currele m. Trabajo, actividad laboral.

currelo m. Trabajo.

currito *dar un currito* fr. Dar un golpe o paliza.

curro m. Trabajo, actividad laboral. // *dar un curro* fr. Dar un golpe o paliza.

curvas f. pl. Formas destacadas del cuerpo de la mujer.

cusqui *hacer la cusqui* fr. Fastidiar, molestar, incordiar.

CH

chache *el chache*. Yo.

chachi adj. Bueno, estupendo; verdadero, auténtico. // adv. Estupendamente.

chachipé(n) adj. y adv. Chachi.

chaira f. (marg.) Navaja.

chaladura f. Locura, chifladura, manía, extravagancia.

chaleco m. Prostituta.

chalupa adj. Chalado, chiflado, medio loco. // Muy enamorado.

chamullar intr. (Ac.) Hablar. // Hablar un idioma o jerga que resulta incomprensible. // Chapurrear.

chanar tr. (marg.) Entender, comprender.

chanchi adj. y adv. Chachi.

chapa f. Relación sexual por dinero. // Placa metálica de identificación de la policía secreta. // *estar sin chapa* fr. Estar sin blanca, sin dinero. // *hacer chapas* fr. Ejercer la prostitución. // *no tener (ni) una chapa* fr. Estar sin blanca, sin dinero.

chapar tr. (mar.) Cerrar.

chapero m. Homosexual prostituido.

¡chapó! Expresión admirativa.

chaqueta *ser más vago que la chaqueta de un guardia* o de *un peón caminero* fr. Ser muy vago.

chaquetear intr. Cambiar interesadamente de ideas o de partido.

chaquetero, ra adj. Que cambia de ideas o de partido por conveniencia.

charlao *echar un charlao* fr. Charlar, conversar.

charlotada f. Corrida taurina bufa.

charnego, ga m. y f. En Cataluña, inmigrante de otra región.

charrar intr. Charlar; parlotear; contar con indiscreción.

chasco *pa chasco* loc. Sólo faltaría.

chasis m. Esqueleto. // *quedarse en el chasis* fr. Quedarse en los huesos, quedarse muy delgado.

chatarra f. Conjunto de monedas metálicas. // Conjunto de condecoraciones o de joyas que lleva una persona.

chatear intr. Tomar chatos de vino con los amigos.

chateo m. Acción de chatear, de tomar chatos.

chati adj. Apelativo cariñoso.

chato, ta adj. Apelativo cariñoso.

chava m. Chaval; golfo.

chaveta adj. y s. Loco.

chavo *estar sin un chavo* fr. Estar sin blanca, sin dinero.

cheira f. (marg.) Navaja.

cheli m. (pas.) Apelativo cariñoso y achulado. // (pas.) Pasota madrileño. // Jerga con elementos castizos, marginales y contraculturales.

chepa adj. y s. Jorobado.

chico, ca m. y f. Protagonista principal de una película, que encarna el papel de «bueno». // *chica* f. Criada. // *chica de alterne*. Camarera o cabaretera de algún establecimiento de alterne. // *ponerse como el chico del esquilador* fr. Disfrutar, pasarlo muy bien; hartarse de comida.

chicharra f. (dro.) Colilla de porro.

chicharrita f. Colilla de porro.

chichi m. Coño.

chimenea f. Cabeza.

china f. Pedacito de hachís con el que aproximadamente se puede liar un porro.

chinar tr. (marg.) Rajar, cortar, dar un tajo.

chindar tr. (marg.) Arrojar, tirar, deshacerse de una cosa.

chingado, da adj. Estropeado, averiado. // Fastidiado, molesto, irritado.

chingar tr. y prnl. Joder. // (Ac.) Fastidiar, molestar, importunar. // Estropear.

chino m. Militante de la ORT y del PT. // *los chinos* m. pl. Juego que consiste en acertar el conjunto de monedas que esconden varios jugadores en la mano cerrada y que no pueden exceder de tres por jugador.

chinorri m. (marg.) Niño. // adj. (marg.) Pequeño.

chinostra f. Cabeza.

chipé adj. y adv. Chipén.

chipén adj. Estupendo, excelente. // Auténtico, verdadero. // adv. Estupendamente. // *de chipén* loc. (Ac.) Estupendo, excelente; estupendamente. // *la chipén*. La verdad.

chipendi adj. y adv. Chipén. // *chipendi lerendi* loc. Chipén.

chipichusca f. Puta.

chiquitear intr. Tomar chiquitos.

chiquitero m. Aficionado a tomar chiquitos.

chiquito m. Vaso pequeño de vino.

chiri m. (dro.) Porro.

chiringuito m. Quiosco o puesto de bebidas y comidas sencillas al aire libre. // *montarse un chiringuito* fr. Organizarse un tinglado o pequeño negocio.

chirona f. (Ac.) Cárcel.

chirri m. (dro.) Porro.

chisme m. Picha. // Coño.

chispa(s) m. Electricista.

chispazo m. Trago, copa.

chivar tr. Joder.

chivata f. (marg.) Linterna.

chivato m. Individuo o aparato que controla la producción, puntualidad, etc., de un centro de trabajo. // Aparato intercomunicador. // Luz piloto del taxi para indicar cuando está libre. // (marg.) Mirilla de la celda.

chivo, va *chivo expiatorio.* Persona a la que se hace pagar las culpas de todos. // *estar como una chiva* fr. Estar loco o chiflado.

¡chócala! Expresión que se acompaña del ademán de dar la mano para felicitar a alguien o mostrar conformidad.

choco m. (dro.) Chocolate.

chocolate m. (dro.) Hachís.

chochada f. Coño.

chochete m. Chavala.

chochín m. Chavala.

chocho m. Coño. // Jaleo, follón. // *salirle del chocho* fr. Querer, darle la gana.

chollo m. Bicoca, ganga; sinecura.

choquero, ra s. y adj. Natural de Huelva.

chorar tr. (Ac.) Hurtar.

chorbo, ba m. y f. Individuo, tipo, fulano. // Persona joven. // Novio o acompañante habitual.

chorchi m. Sorchi, soldado.

chorizar tr. Hurtar, robar.

chorizo m. (Ac.) Ratero. // Por ext., maleante. // Picha. // Excremento sólido.

chorlito m. Incauto. // Cliente de prostituta.

choro m. (Ac.) Ratero.

chorra f. Picha. // Suerte. // m. Tonto, estúpido. // *hacer el chorra* fr. Comportarse como un estúpido. // *tener chorra* fr. Tener suerte.

chorrada f. Tontería, necedad, estupidez. // Cosa nimia, cursi o de mal gusto; fruslería, objeto inútil. // Meada. // *parir chorradas* fr. Decir tonterías o estupideces.

chorradita f. dim. de chorrada.

chorrear tr. Abroncar, reprender, amonestar severamente.

chorreo m. Bronca, reprimenda, amonestación severa.

chorvo, va v. chorbo.

chota m. (marg.) Soplón, chivato, confidente. // *estar como una chota* fr. Estar loco o chiflado.

chotearse prnl. Burlarse, guasearse. // (marg.) Chivarse, delatar.

chotis *más agarrado que un chotis* fr. Muy agarrado, tacaño o mezquino.

chubasquero m. Condón, preservativo.

chucha f. Peseta.

chufa f. Bofetada, tortazo. // Peseta.

chulángano m. Chulo.

chulango, ga adj. Achulado.

chulear tr. Ejercer de chulo, vivir a costa de una mujer. // prnl. Hacerse el chulo, pavonearse, jactarse, presumir.

chuleta m. Chulo, matón; presumido. // f. (dep.) En el golf, trozo de tierra con hierba que se arranca con el palo al golpear defectuosamente la bola.

chulo, la adj. Bonito, elegante, vistoso. // Bueno, interesante, divertido. // *chulo* o *chulo (de) putas* m. Rufián, hombre que vive a costa de una o varias putas. // *más chulo que un ocho* fr. Muy chulo.

chuminada f. Tontería, estupidez. // Chinchorrería.

chumino m. Coño.

chungalí adj. (marg.) Chungo.

chungo, ga adj. (marg.) Malo, que carece de valor o cualidad; falso, no auténtico.

chungón, na adj. Burlón, guasón.

chupa f. (marg.) Chaqueta, americana.

chupado, da adj. Fácil, sencillo de hacer o de lograr. // *estar más chupado que la pipa de un indio* fr. Resultar una cosa muy fácil de hacer o de lograr. // Estar muy delgado.

chupar tr. Practicar la felación o el cunnilinguo. // Sacar provecho, beneficio o ganancia sin esfuerzo o trabajo. // *¡me la chupas!* Frase que expresa desprecio, indiferencia o superioridad respecto de alguien. // *chuparla* fr. Realizar la felación. // *chuparse* prnl. Gastar un tiempo excesivo en algo. // *¡chúpate esa!* Expresión con la que uno muestra su satisfacción ante un hecho adverso que le sucede a al-

guien, o ante una réplica aguda y oportuna contra alguien.

chupi adj. Estupendo, magnífico, excelente.

chupinazo m. (fút.) Chut potente.

chupóptero m. (Ac.) Individuo que, sin trabajar, disfruta de uno o varios sueldos.

churi f. (marg.) Navaja.

churimangar tr. Quitar, hurtar.

churra f. Suerte.

churrero, ra adj. Que tiene buena suerte.

churro m. Chamba, acierto casual. // Picha. // *mandar a freír churros* fr. Rechazar a una persona con enojo o desprecio. // *mojar el churro* fr. Joder el hombre. // *¡vete a freír churros!* Frase de rechazo o desprecio.

chusquel m. (marg.) Chivato, confidente.

chusquero adj. y m. (mil.) Jefe u oficial que procede de la clase de tropa.

chuta f. (dro.) Jeringuilla.

chutar intr. Funcionar, marchar. // *chutarse* prnl. (dro.) Inyectarse heroína u otras drogas.

chute m. (dro.) Inyección de droga.

D

dabute(n) adj. De buten, bueno, estupendo, magnífico.
dabuti adv. De buten.
danone m. Coche blanco de la policía.
dante m. Homosexual activo.
dar *darle al...* fr. (pas.) Tener el hábito o la costumbre de...
decreto *por real decreto* loc. A la fuerza, porque sí, obligatoriamente.
dedo *a dedo* m. adv. De forma antidemocrática al efectuar una elección o nombramiento. // *dedo sin uña.* Picha. // *hacer dedo* fr. Hacer auto stop. // *meterse el dedo* fr. Masturbarse la mujer. // *pillarse los dedos* fr. Salir perdiendo en algún asunto por arriesgarse demasiado.
dedocracia f. Nombramiento de cargos de forma antidemocrática.
dedocrático, ca adj. Referente a la dedocracia.
defensa *defensa escoba* (fút.) Jugador que refuerza la línea de defensa y que se halla situado detrás de ésta. // *defensas* f. pl. Tetas.
delantera f. Tetas.
demasié adv. (pas.) Demasiado, increíble, inaudito.

demonio *del demonio* loc. Tremendo, impresionante.
depre f. Depresión.
derrotado, da adj. Vencido por las adversidades.
derrotarse prnl. (marg.) Confesarse autor de un delito.
desarmado adj. Con la picha fláccida.
desbraguetado adj. y s. Pobre, desgraciado, miserable.
descapullar intr. Descubrir el glande.
descojonación *la descojonación* loc. La monda, el disloque. // Caos, confusión, barullo; desastre, catástrofe.
descojonado adj. Castrado, capado. // *estar descojonado* o *descojonada* fr. Estar muerto de risa.
descojonamiento *el descojonamiento* loc. La descojonación.
descojonante adj. Gracioso, divertido. // Tremendo, impresionante.
descojonar tr. Castrar. // *descojonarse* prnl. Morirse de risa.
descojono *el descojono* loc. La descojonación.
descolgado, da p.p. Desconectado de los amigos o del grupo al que se pertenece.

3

descoñarse v. escoñarse.

descornarse prnl. Darse un trompazo, romperse la cabeza. // Poner gran esfuerzo o empeño en algo; trabajar duramente.

desencochar intr. Entre taxistas, dejar pasaje.

desenfundarla fr. Sacar la picha por la bragueta.

desfile *ser más lento que un desfile de cojos* fr. Ser muy lento.

desgraciar tr. Deshonrar a una mujer.

deshuevarse prnl. Morirse de risa.

desmadrado, da adj. Que actúa desinhibidamente y de forma poco convencional.

desmadrarse prnl. Actuar sin inhibiciones ni convencionalismos; propasarse, descomedirse.

desmadre m. Desbarajuste, disloque. // Caos, confusión, desorden. // Jolgorio, juerga incontrolada.

desmelenarse prnl. Lanzarse abierta e impetuosamente a la acción.

desocuparse prnl. Quedarse la prostituta libre del cliente.

desparramar tr. (marg.) Expender moneda falsa.

despatarrarse prnl. Ofrecerse sexualmente la mujer.

despechugarse prnl. Destaparse el pecho.

despelotado, da adj. Desnudo.

despelotarse prnl. Desnudarse. // Descojonarse, morirse de risa.

despelote m. Desnudamiento.

despiporren *el despiporren.* Expresión que se aplica a lo que llega al máximo de divertido, desordenado, escandaloso, insólito, etc.

destape m. Desnudo erótico en el cine, teatro, televisión, revistas ilustradas, etc., especialmente el parcial de los últimos años del franquismo. // Por ext., desnudamiento. // Liberalización de prohibiciones, restricciones, etc.

desternillarse prnl. Reírse mucho y de forma incontenible.

destetarse prnl. Mostrar las tetas la mujer en el cine, teatro, revistas, etc.

destornillador m. Combinado de vodka y naranja.

destornillarse prnl. Desternillarse.

desvirgar tr. Estrenar una cosa.

detalle *tener* o *vérsele un detalle* fr. Invitar, convidar.

dex f. (dro.) Dexedrina, fármaco estimulante.

diarrea mental f. Confusión mental.

dico f. (med.) Dicotomía, comisión que un médico recibe de otro por haberle recomendado un cliente.

díler m. (dro.) Traficante que distribuye la droga a los camellos o minoristas.

diñar tr. (marg.) Dar. // *diñarla* fr. (Ac.) Morir.

dios *armar la de dios* o *la de dios es cristo* fr. Armar cisco, jaleo, alboroto, follón. // *más que dios* m. adv. Mucho. //

ni dios m. adv. Nadie. // *ni dios que lo fundó*. Forma rotunda de negación. // *ni pa dios* m. adv. De ningún modo, en absoluto. // *no hay dios que* fr. No hay nadie que. // *todo dios* loc. Todo el mundo.

diquelar tr. (marg.) Ver, mirar; observar, atender, vigilar. // (marg. Ac.) Comprender, entender.

dire com. Director.

disco m. Explicación monótona y pesada que uno suele repetir con frecuencia.

discoteque f. (pas.) Discoteca.

discotequero, ra adj. Propio de la discoteca.

díver adj. (inf.) Divertido.

doble m. Vaso grande de cerveza.

dolorosa *la dolorosa* La cuenta, el importe.

doméstico m. (cicl.) Corredor encargado de ayudar al cabeza de equipo.

domingas f. pl. Tetas.

dominguero m. Conductor que sólo utiliza el automóvil los domingos y festivos para salir de la ciudad. // Por ext., conductor inexperto.

donut m. Emblema de Unión de Centro Democrático.

dopado, da adj. (dep.) Drogado.

dormida *ir* o *quedarse de dormida* fr. Pasar la noche con una prostituta en la cama.

dormir *dormir con* alguien fr. Joder con alguien. // *dormirla* fr. Dormir después de una borrachera.

dos *los dos*. Los cojones. // *coger* o *tomar el dos* fr. Largarse, irse.

drogata com. (pas.) Drogadicto.

drogota com. (pas.) Drogadicto.

dumón *vivir a la gran dumón* fr. Vivir a lo grande, por todo lo alto.

duro, ra *¡lo que faltaba para el duro!* Expresión con que se alude a un problema, dificultad o acontecimiento adverso que sobreviene inesperadamente a otros anteriores. // *ponerse dura* fr. Ponerse la picha en erección.

E

eco adv. Exacto, eso es, efectivamente.

echao pa'lante adj. y s. Valiente; decidido, atrevido, lanzado.

¡ele! Exclamación con la que se asiente, aprueba o subraya algo.

elepé m. Disco de larga duración.

eliminar tr. Matar, asesinar.

embajador m. (prost.) Cliente aficionado al cunnilinguo.

embotellar tr. (dep.) Presionar, acosar al equipo contrario cercándolo en su área defensiva.

embrague *patinar el embrague* fr. Estar mal de la cabeza, tener poco juicio.

eme f. Mierda. // *enviar* o *mandar a la eme*. Frase de rechazo o desprecio. // *¡una eme!* Forma de negación o rechazo.

empalmado *estar empalmado* fr. Estar con la picha en erección.

empalmarse prnl. Ponerse con la picha en erección, excitarse sexualmente el hombre.

empanada mental f. Confusión mental.

empaquetar tr. (mil.) Sancionar, imponer un castigo.

empelotarse prnl. (Ac.) Desnudarse.

empinarse prnl. Ponerse con la picha en erección, excitarse sexualmente el hombre.

emplantillado, da p.p. (marg.) Escondido.

emplumar tr. Sancionar, arrestar, procesar, condenar.

emporrado, da adj. (dro.) Bajo los efectos del porro.

emporrarse prnl. (dro.) Ponerse bajo los efectos del porro.

empreñador, ra adj. Fastidioso, molesto.

empreñar tr. Fastidiar, molestar, cabrear.

empujaleches m. (prost.) Cliente que prefiere ir siempre con la misma puta, o con la que acaba de ir uno de sus amigos.

empurar tr. (mil.) Imponer una sanción o castigo.

emputecerse prnl. Prostituirse, viciarse.

enano *divertirse como un enano* fr. Divertirse mucho, pasarlo muy bien.

encabritarse prnl. Enojarse, cabrearse.

encabronarse prnl. Enojarse, cabrearse.

encajador adj. Boxeador con mucho aguante, que resiste bien los golpes del adversario.

encalomarse prnl. (marg.) Esconderse.

encalomo m. (marg.) Procedimiento de robo que consiste en quedarse encerrado en un establecimiento para robar.

encamarse *encamarse con alguien* fr. Joder con alguien.

encochar intr. Entre taxistas, tomar pasaje.

encoñado, da adj. Muy enamorado o atraído sexualmente. // Encaprichado.

encoñamiento m. Enamoramiento, encaprichamiento sexual.

encoñarse prnl. Enamorarse. // Encapricharse.

enchironar tr. (Ac.) Encarcelar.

endiñar tr. Dar, meter; endosar, endilgar. // Pegar, propinar, sacudir. // *endiñarla* fr. Introducir la picha.

enfundarla prnl. Guardar la picha en la bragueta.

enganchado, da *estar enganchado* fr. Tener adicción a las drogas duras.

engancharla fr. Emborracharse.

engañar tr. Ser infiel a la pareja.

engendro m. Persona muy fea.

engrasar tr. Sobornar.

engrase m. Soborno.

engrifarse prnl. (dro.) Ponerse bajo los efectos de la grifa.

enmuermado, da adj. Amuermado.

enrollado o **enrrollado, da** adj. Ocupado, dedicado plenamente a algo. // (pas.) Cautivado, absorbido por la música rock o cualquier otra cosa placentera. // (pas.) Metido en un rollo cualquiera. // (pas.) Metido en el rollo contracultural. // (pas.) De conversación con alguien.

enrollante o **enrrollante** adj. (pas.) Cautivador, placentero.

enrollar tr. y prnl. Liar, enredar. // *enrollar* o *enrrollar* tr. (pas.) Gustar, irle a uno. // *enrollarse* prnl. Liarse en un asunto, meterse en algo; abstraerse. // Liarse a hablar, extenderse en una conversación. // *enrrollarse* prnl. (pas.) Meterse en el rrollo. // *enrollarse bien* o *mal* fr. Tener o no facilidad para el trato sociable y amistoso, sintonizar bien o mal con los demás. // Tener o no facilidad de expresión. // *enrollarse más que una persiana* o *que la pata de un romano* fr. Enrollarse mucho, extenderse al hablar.

enrolle o **enrrolle** m. (pas.) Acción y efecto de enrollar o enrollarse.

ensalada de tiros f. Tiroteo.

entalegar tr. (marg.) Encarcelar.

entender abs. Ser homosexual. Se usa sólo entre homosexuales, por lo general en forma interrogativa.

enteradillo, lla m. y f. Sabiondo, persona que se pasa de lista.

enterado, da m. y f. Sabiondo, persona que se pasa de lista.

entierro m. (marg.) Timo en el que un preso promete por carta a un desconocido facilitarle el paradero de un supuesto tesoro escondido, a cambio de un dinero anticipado. // *parecer un entierro de tercera* fr. Estar muy aburrida una reunión.

entrepierna *la entrepierna.* Organos genitales del hombre o de la mujer. // *pasarse por la entrepierna.* Frase que expresa indiferencia, desprecio o superioridad.

entretenida f. Querida a la que mantiene un hombre.

entromparse prnl. Emborracharse.

entubar tr. (mil.) Sancionar, imponer un castigo; arrestar.

envainársela fr. Retractarse, volverse atrás; verse obligado a callar ante las razones o superioridad del contrario; deponer una actitud agresiva o jactanciosa.

équili. Exclamación de asentimiento o conformidad.

equilicuá. Exclamación de asentimiento o conformidad.

escachifollarse prnl. Estropearse, destrozarse, escacharrarse.

escaparate m. Tetas.

escaquearse prnl. Escabullirse de un trabajo u obligación. // Escurrir el bulto, zafarse de una situación comprometida.

escaqueo m. (mil.) Acción de escaquearse.

escena *desaparecer de escena* fr. Irse, marcharse de un lugar, quitarse de enmedio. // Morirse.

escoba f. Cierto juego de naipes. // Mujer muy delgada. // *no vender una escoba* fr. No tener éxito, no conseguir un determinado propósito.

escocés m. Helado con café y whisky.

escoñado, da adj. Estropeado, roto; lesionado, en mal estado físico; maltrecho.

escoñar tr. Estropear, romper. // prnl. Estropearse, romperse. // Accidentarse, lesionarse. // Salir mal un asunto, fracasar.

escopeta f. Picha.

escopeteado, da p.p. A toda prisa, velozmente; muy apurado de tiempo.

escornarse v. descornarse.

escupir tr. y abs. Contar lo que se sabe, cantar, confesar. // Apoquinar, pagar.

escurrirse prnl. Eyacular el semen. // Tener el orgasmo.

esférico m. Balón.

esnifada f. (dro.) Aspiración por la nariz de cocaína u otra droga. // Dosis de droga tomada por este procedimiento.

esnifar tr. (dro.) Aspirar cocaína u otra droga en polvo por la nariz.

espada f. (marg.) Llave falsa; por ext., ganzúa.

espadista m. (marg.) Ladrón que utiliza llaves falsas y ganzúas para robar.

espalda *donde la espalda pierde su (honesto) nombre* loc. En el culo.

espandar tr. (marg.) Abrir; forzar.

espanto *de espanto* loc. Enorme, extraordinario, tremendo, grandísimo, increíble, inaudito. // Referido a una mujer, tener muy buen tipo.

esparrabar tr. (marg.) Fracturar para robar.

esparrabo m. (marg.) Fractura para robar.

esparramar tr. (marg.) Esparrabar.

esparramo m. (marg.) Esparrabo.

esperar *de aquí te espero.* Locución ponderativa que realza el sustantivo que la precede.

espeta m. (marg.) Inspector de policía.

espichar intr. (Ac.) Morir. // *espicharla* fr. Morir.

espid m. (dro.) Marcha, euforia.

espitoso, sa adj. (dro.) Con mucha marcha o euforia.

espontáneo m. Aficionado que salta al ruedo durante una corrida de toros, con ánimo de intervenir.

esqueleto *menear* o *mover el esqueleto* fr. Bailar. // *tumbar el esqueleto* fr. Acostarse.

estaca *plantar la estaca* fr. Cagar.

estampita *la estampita* f. (marg.) Timo que consiste en despertar la codicia de un in-

cauto, haciéndole pagar una cantidad a cambio de repartirse un fajo de supuestos billetes de banco.

estar *estar alto* fr. (dro.) Encontrarse en el momento de máximo goce. // *estar bajo* fr. (dro.) Encontrarse en los momentos en que la droga disminuye sus efectos. // *estar como quiere* fr. Referido a una mujer, tener buen tipo, estar muy buena.

estaribel m. (marg.) Cárcel.

estéreo m. (dro.) Dos kilos de hachís.

esteta m. Homosexual; afeminado.

estómago *tener el estómago en los pies* fr. Tener mucha hambre.

estopa *arrear, dar, largar, repartir* o *sacudir estopa* fr. Pegar.

estraperlear intr. Negociar con artículos procedentes del estraperlo.

estrecho, cha adj. y s. Reprimido sexual. // *hacerse el estrecho* o *la estrecha* fr. Aparentar principios sexuales o éticos muy estrictos.

estrella o **estrellita** f. (dro.) Variedad de LSD presentada en esta forma.

estupa f. (dro.) Brigada especial de estupefacientes. // m. Policía adscrito a esta brigada.

explicarse prnl. Pagar.

extranjis *de extranjis* loc. Ocultamente, de tapadillo.

F

facha adj. y s. Fascista.

fachada f. Cara. // *revocarse la fachada* fr. Maquillarse.

fajador adj. (box.) Boxeador combativo, que pelea más al ataque que a la defensa.

falocracia f. Dominio del hombre en la vida pública.

falócrata m. Partidario de la falocracia, machista.

falocrático, ca adj. Relativo a la falocracia.

faltaría plus loc. (pas.) No faltaría más, desde luego, sin duda.

faltón, na adj. Grosero, que falta al respeto, que insulta u ofende al discutir.

familia f. Piojera. // *acordarse de la familia* de alguien fr. Imprecar o maldecir la familia de alguien.

fanfa adj. y s. Fanfarrón.

fantasmada f. Fanfarronada, jactancia, presunción.

fantasmear intr. Alardear, exagerar, presumir con jactancia.

fardada f. Acción con la que uno pretende impresionar o darse importancia.

fardado, da *ir fardado* fr. Ir bien vestido, ir elegante.

fardar intr. Vestir bien. //

Presumir. // Lucir, quedar vistoso.

farde m. Fardada, acción con la que uno pretende impresionar o darse importancia.

fardo m. Persona gorda.

fardón, na adj. Elegante, bien vestido. // Presumido, presuntuoso. // Aparente, bonito, vistoso.

farmacia f. Bragueta.

farolillo rojo m. Ultimo en una competición.

faros m. pl. Ojos. // *echar los faros* fr. Mirar.

fati adj. Gordo.

favor *estar para hacerle un favor* fr. Tener muy buen tipo una mujer, estar muy buena. // *hacer un favor* fr. Poseer sexualmente, joder.

feliciano m. Cópula sexual, polvo. // *echar un feliciano* fr. Joder.

felpudo m. Vello del pubis de la mujer. Por ext., coño.

fenómeno adj. Estupendo, formidable, muy bueno. // adv. Estupendamente.

fetén adj. Estupendo, formidable, muy bueno. Referido a una mujer, estar muy buena, tener muy buen tipo. // Auténtico, verdadero. // adv. Estupendamente. // *la fetén*. La verdad.

feto m. Persona muy fea.

fiambre m. (Ac.) Cadáver.

fiesta *darse la fiesta* fr. Joder o magrear(se). // *no saber* o *no enterarse de qué va la fiesta* fr. Estar in albis.

fila *la fila de los mancos*. Ultima fila de los cines, donde acostumbran a magrearse las parejas.

filar tr. (marg.) Ver, mirar, observar. // Calar a uno, descubrir sus intenciones.

filete *darse* o *pegarse el filete* fr. Magrear.

fili m. (marg.) Bolsillo. // *fili de la buena*. Bolsillo interior derecho de la americana. // *fili de la cula*. Bolsillo posterior del pantalón. // *fili de la mala* o *de la manca*. Bolsillo interior izquierdo de la americana.

filosa f. Cara, rostro.

flai m. (dro.) Porro.

flamenco, ca adj. Bravo, valiente, decidido. // Chulo, valentón, provocador.

flash m. (dro.) Sensación intensa y súbita de bienestar producida en el momento de inyectarse o de tomar un estimulante. // Impresión placentera.

flauta f. Bocadillo grande.

flecha m. Niño que estaba encuadrado en la sección infantil de Falange Española.

flete m. Cópula sexual, polvo. // Servicio prestado por una prostituta. // Cliente de pros-

tituta. // *echar un flete* fr. Joder.

flipado, da p.p. (dro.) Drogado.

flipante p.a. (pas.) Cautivador, placentero, muy agradable.

flipar tr. (pas.) Cautivar, gustar mucho, entusiasmar. // *fliparse* prnl. (dro.) Drogarse.

flipe m. (dro.) Estado producido por la droga.

floja *me la trae floja* v. traer.

flor *flor de andamio*. Tabaco ordinario.

Floro *¡jodo, Floro!* v. ¡jodo!

foca f. Persona gorda y fea.

folklore m. Lío, jaleo, barullo, follón, escándalo.

folklórico, ca adj. Pintoresco. // *folklórica* adj. y f. Cantante y bailadora encasillada en temas castizos, especialmente andaluces.

folla *mala folla* o *mala follá* loc. Mala sombra, mala idea, mala intención. // Mala pata, poca gracia. // *ni folla* m. adv. Absolutamente nada.

follada f. Cópula sexual.

follador, ra adj. Que folla, especialmente si lo hace con frecuencia.

follaje m. Cópula sexual.

follapostes m. Operario que, provisto de unos garfios en el calzado, se encarama a los postes del tendido eléctrico o telefónico para hacer instalaciones o arreglos.

follar tr. y prnl. Copular, joder. // (est.) Suspender. // (mil.) Imponer una sanción; arrestar. // prnl. Fastidiar, gibar, causar a alguien un daño o perjuicio. // *follarse vivo* a alguien fr. Causar un gran daño o perjuicio.

follón m. (Ac.) Jaleo, enredo, desbarajuste. // Asunto complicado.

follonero, ra adj. Que arma follones con frecuencia.

follonista adj. Que arma follones con frecuencia.

foqui-foqui m. Cópula sexual. // *hacer foqui-foqui* fr. Joder.

forasta m. (marg.) Forastero.

fori m. (marg.) Pañuelo.

Foro *el Foro.* Madrid. // *¡que soy del Foro, Telesforo!* Frase achulada para indicar que uno no es paleto.

forofo, fa m. y f. (dep.) Hincha, fanático.

forrarse prnl. (Ac.) Enriquecerse. // Atiborrarse.

forro *forro de los cojones, de los huevos* o *de las pelotas.* Escroto.

fosfatina *estar hecho fosfatina* fr. Estar muy cansado o abatido. // *hacer fosfatina* fr. Causar a alguien un grave daño físico o moral.

fotero, ra m. y f. (pas.) Fotógrafo.

foto *hacer una foto* fr. Enseñar la entrepierna una mujer.

fotomatón m. Tipo de foto carnet de revelado rápido y mala calidad.

francés *hacer el francés* fr. Practicar la felación.

frasco *¡toma del frasco!* o *¡toma del frasco, Carrasco!*

Expresión con la que se muestra regodeo o complacencia ante un hecho adverso que le sucede a alguien.

freír tr. Matar con arma de fuego, acribillar a balazos.

freno *¡echa el freno, Magdaleno!* Frase achulada con la que se pide a alguien que contenga su enojo o arrebato.

frente *adornar la frente* fr. Poner cuernos, ser infiel al marido.

frío *hacer un frío que se mea* o *que se caga la perra* fr. Hacer mucho frío. // *quedarse frío* fr. Morirse.

frito, ta *estar* o *quedarse frito* fr. Estar dormido. // Estar muerto. // *estar frito* fr. Estar muy caliente o excitado sexualmente.

frotársela fr. Masturbarse el hombre.

frustre m. Frustración.

fudre m. Borracho.

fuerte adj. (pas.) Increíble, inaudito, fuera de serie.

ful f. Mierda. // adj. (marg.) Malo; falso, no auténtico.

fulano, na m. y f. Individuo, sujeto. // Amante. // *fulana* f. Puta.

fulaneo m. Actividad de las fulanas. // Trato con fulanas.

fulastre adj. (marg.) Falso; de mala calidad.

fulero, ra adj. Mentiroso, farolero.

fumado, da adj. (dro.) Bajo los efectos del hachís o de la marihuana.

fumar intr. Fumar porros. // *fumarse* a una fr. Joder a una mujer.

fumata f. (dro.) Reunión donde se fuman porros.

fumeta com. (dro.) Fumador asiduo de porros.

funcionar intr. Joder. // Conservar la potencia sexual.

funda f. Condón, preservativo. // *funda de los cojones, de los huevos* o *de las pelotas.* Escroto.

fundir tr. Malgastar, dilapidar.

funguelar intr. (marg.) Apestar, oler mal.

furcia f. Puta.

furri m. (mil.) Furriel.

fusca f. (marg.) Pistola.

fusil *limpiar el fusil* fr. (mil.) Joder.

fusilar tr. (fút.) Meter el balón en la portería contraria lanzándolo con gran potencia y desde corta distancia.

futbolero m. Hincha del fútbol.

G

gabi o **gabis** m. (marg.) Comida, rancho. // *gabis* pl. (marg.) Garbanzos.

gachí f. (Ac.) Mujer o muchacha, generalmente atractiva.

gachó m. (Ac.) Hombre; individuo. // *gachó del arpa.* Individuo, sujeto.

gafar tr. Traer mala suerte.

gafudo, da adj. Persona que usa gafas.

galería f. Público cuya opinión se tiene muy en cuenta al hacer algo.

gallego adj. Cobarde.

gamba f. (marg.) Billete de cien pesetas. // (marg.) Pierna. // *media gamba* (marg.) Cincuenta pesetas.

ganado m. Gentuza, público. // Conjunto de muchachas o mujeres que hay en un lugar. // Conjunto de prostitutas.

ganas *cuando las ganas de joder aprietan, ni las tumbas de los muertos se respetan* v. joder.

gancho m. Golpe dado con el puño de abajo arriba.

gandula *la gandula* (marg.) Ley de Vagos y Maleantes (1932-1970).

gandulitis f. Gandulería.

gandumbas f. pl. Cojones.

ganglios m. pl. Tetas. // Cojones.

ganso, sa adj. Grande. // v. pasta.

garabatillo *de garabatillo* v. purgaciones.

garaje *el garaje La Estrella.* La vía pública, lugar donde se aparcan coches por la noche.

garbanzos *cambiar el agua a los garbanzos* v. agua.

garbeo m. Paseo.

garra f. Gancho, atractivo.

gases *ligar menos que los gases nobles* fr. Tener poco éxito amoroso.

gatillazo *pegar gatillazo* fr. Impotencia inesperada y transitoria del hombre durante la cópula sexual.

gato *paga, que es gata.* Frase con la que se indica a alguien que le corresponde pagar. // *p'al gato.* Expresión de rechazo.

gayola f. Masturbación.

gayumbos m. pl. (marg.) Calzoncillos.

gena f. (dro.) Producto que se utiliza para adulterar el hachís. // Por ext., hachís de mala calidad.

gente gorda. Gente de buena posición económica o social; gente influyente.

gerundio ...*que es gerundio.* Frase que se añade a un verbo en gerundio para reforzar una orden, o como mera muletilla.

gibar tr. (Ac.) Fastidiar.

gil adj. y s. Gilipollas.

gilí adj. y s. Gilipollas.

giliflautas adj. y s. Gilipollas.

gilipichas adj. y s. Gilipollas.

gilipollada f. Tontería, estupidez, majadería.

gilipollas adj. y s. Tonto, estúpido, majadero.

gilipollear intr. Hacer el gilipollas.

gilipollez f. Tontería, estupidez, majadería.

gilipuertas adj. y s. Gilipollas.

gilitonto, ta adj. y s. Gilipollas.

gimnasia *confundir la gimnasia con la magnesia* fr. Confundir o considerar por igual cosas que son muy dispares.

giñar v. jiñar.

girar tr. (marg.) Apestar, oler mal.

gitano adj. Sucio; desastrado. // Informal en los tratos comerciales.

globo m. Condón, preservativo. // Cabreo, enfado. // Borrachera. // (dro.) Estado similar producido por la droga. // (fút.) Trayectoria semicircular que describe un balón lanzado muy alto. // *globos* pl. Tetas, especialmente las voluminosas. // *salir en globo* fr. Salir de mala manera.

gloria f. (dro.) Marihuana.

gobi f. (marg.) Comisaría.

gobierno *mirar contra el gobierno* fr. Bizquear.

gol *gol cantado* (fút.) Chut a portería que no llega a convertirse en gol pese a que parecía imposible fallarlo. // *gol del cojo* (fút.) Gol realizado por un jugador al que apenas se le marcaba por estar lesionado. // *gol fantasma* (fút.) Jugada discutida en la que no se sabe bien si el balón ha entrado o no en portería. // *oler el gol* fr. (fút.) Saber colocarse un jugador en el lugar donde posiblemente se produzca una situación de gol.

golazo m. (fút.) Gol realizado con un potente disparo o mediante una jugada de gran calidad.

golfa f. Puta.

golferas m. Golfo.

golpe m. Robo, atraco. Por ext., hurto, estafa, timo, etc. // *a golpe de alpargata* loc. A pie, andando. // *a golpe de calcetín* loc. A pie, andando. // *dar un golpe* fr. Cometer un robo o atraco. // *golpe bajo* (box.) Golpe antirreglamentario que se da más abajo del pecho. // Mala pasada, acción malintencionada o indigna contra alguien. // *no dar golpe* fr. (Ac.) Estar sin hacer nada.

goma f. Preservativo, condón. // Entre policías, porra. // (dro.) Hachís de buena calidad. // *goma higiénica.* Goma,

preservativo. // *hacer goma* fr·
Pasear por calles que se consideran distinguidas.

gomita f. (dro.) Hachís de
buena calidad.

gordinflas adj. Gordinflón.

gordo, da *caer gordo* o *gorda*
fr. Resultar antipática o desagradable una persona. // *ni
gorda* m. adv. Absolutamente
nada.

gorila m. Guardaespaldas.

gorrinada f. Guarrada.

gorro *estar hasta el gorro* fr.
Estar hasta la coronilla, estar
harto. // *poner el gorro* fr. Poner los cuernos, ser infiel al
marido.

gota f. (dro.) Variedad líquida
de LSD.

gozada f. Gran satisfacción.

grande *...de los grandes.* De
mil pesetas.

gregario m. (cicl.) Corredor
encargado de ayudar al cabeza
de equipo o a otro ciclista de
categoría superior a la suya.

gremio *ser del gremio* fr. Ser
homosexual o delincuente, o
pertenecer a algún otro tipo
de marginado social.

grifa f. Marihuana, especialmente la de procedencia ma-
rroquí.

grifota com. (dro.) Fumador
asiduo de grifa.

grilo m. (marg.) Bolsillo.

grilla(d)o, da adj. Guillado,
chiflado.

grilladura f. Guilladura, chifladura.

grillarse prnl. Guillarse.

grillera f. (marg.) Furgón po-

licial para la conducción de
detenidos.

grillos m. pl. (marg.) Esposas.

gris m. Individuo de la Policía
Armada.

gristapo f. La Policía Armada.

grogui adj. (box.) Aturdido,
tambaleante, sin apenas conocimiento. // Aturdido, atontado por el cansancio o por un
shock físico o emocional.

grupi com. En la jerga de los
rockeros, amigo o amiga que
acompaña a un conjunto en
sus desplazamientos.

guaje m. Guaja, granuja.

guantes *colgar los guantes* fr.
Abandonar la práctica del boxeo. // *hacer guantes* fr. Entrenarse un boxeador con el
sparring.

guaperas adj. Guapo.

guapo, pa adj. (pas.) Bueno,
interesante. // adv. (pas.)
Bien.

guardia *guardia civil.* Arenque
salado. // *guardia de la porra.*
Agente de la Policía Armada.
// Guardia municipal. // *pelar guardias* fr. (mil.) Hacer
guardias.

guarrada f. Cochinada. //
Mala pasada, acción malintencionada o desaprensiva.

guerra *de antes de la guerra*
loc. De buena calidad. // *pedir* o *querer guerra* fr. Incitar
o provocar sexualmente una
mujer.

guil m. (pas.) Duro, moneda
de cinco pesetas.

guillado, da adj. (Ac.) Chiflado.

guillarse prnl. (Ac.) Irse, marchar precipitadamente, escapar. // *guillárselas* fr. Guillarse, irse. // Morir.

guindar tr. Robar, hurtar.

guinde m. Robo, hurto.

guindón m. Ladrón.

guiri com. (marg.) Extranjero, turista. // *el guiri* (marg.) El extranjero.

guita f. (Ac.) Dinero.

güitos m. pl. Cojones.

guma f. (marg.) Gallina.

guri m. (mil.) Soldado. // Guardia municipal. // Policía.

guripa m. (mil.) Soldado. // Golfo, granuja, pillo; elemento, individuo, sujeto; tonto, estúpido. // Guardia municipal.

gusa f. Hambre.

gusano *criar gusanos* fr. Estar muerto y enterrado. // *matar el gusano* fr. Beber aguardiente en ayunas. // Satisfacer el hambre, momentáneamente, tomando algo ligero.

gusto *correrse de gusto* fr. Sentir gran placer o satisfacción por alguna cosa. // *dar gusto al dedo* fr. Disparar a placer. // *estar a gusto* fr. (dro.) Estar bajo los efectos de una droga. // *mearse de gusto* fr. Sentir gran placer o satisfacción por alguna cosa. // *ponerse a gusto* fr. (dro.) Colocarse, fumar porros.

H

haba f. Picha. // Glande, cabeza de la picha. // *¡tócame el haba!* Frase de indiferencia o desprecio.

habitante m. Piojo.

hablar *¡ni hablar!* o *¡ni hablar del peluquín!* Fórmula de negación, rechazo u oposición.

hacha m. As, persona sobresaliente en algo.

hache *por hache o por be* loc. Por un motivo u otro.

hambre f. Deseo sexual.

hambriento, ta adj. Caliente, con apetito sexual.

hash m. Hachís.

hebreo *jurar en hebreo* fr. Dar grandes muestras de enojo.

hermano *el hermano pequeño.* La picha. // *¡jodamos que todos somos hermanos!* v. joder.

Herodes *como dijo Herodes. ¡te jodes!* v. joder.

herramienta f. Picha.

hierba f. Marihuana.

hígados *tener hígados* fr. Tener coraje, tener valor.

higo m. Coño.

hijo. Seguido de complemento da origen a numerosas expresiones injuriosas, equivalentes a hijo de puta: *hijo de condón pinchado, hijo de cura,* *hijo de la Gran Bretaña, hijo de la gran puta, hijo de la grandísima, hijo de monja, hijo de perra.* // *costar más que un hijo tonto* fr. Resultar caro, costoso. // *el hijo de mi madre* loc. Uno mismo. // *hijo de papá.* Individuo ocioso perteneciente a una familia de posición elevada. // *tomar por el hijo de la portera* fr. Tener a una persona en poca o ninguna consideración.

hijoputa com. Hijo de puta, persona malintencionada.

hijoputada f. Mala pasada, jugada, faena.

hijoputesco, ca adj. Vil, indigno, despreciable.

hijoputez f. Hijoputada.

hincarla fr. Trabajar.

hincha com. (Ac.) Entusiasta de un equipo deportivo.

hinchada f. Conjunto de hinchas, afición.

hinchar tr. Fastidiar, molestar, cabrear. // *hincharse* prnl. Enriquecerse.

hombre m. (prost.) Chulo, macarra. // *hombre de paja.* El que actúa según los dictados y conveniencias de otro al que no le interesa figurar en un primer plano.

hora *horas de vuelo.* Experiencia, veteranía. *// ir con la hora pegada al culo* fr. Ir muy justo de tiempo.

horizontal f. Puta, especialmente la de categoría.

hormigas *cuanto más digas, más te joden las hormigas* v. joder.

horror *horrores* o *un horror* adv. Mucho, una enormidad.

hortera com. Militante de la ORT. *//* Persona de clase modesta que pretende aparentar más de lo que realmente es, especialmente con su forma de vestir pseudoelegante. *//* adj. Chabacano, de mal gusto.

horterada f. Chabacanería, acción o cosa de mal gusto.

¡hosti! interj. eufem. ¡Hostia!

hostia f. Puñetazo. *//* Golpe o choque violento y aparatoso. *//* Mala hostia (mal humor; mala intención; mal carácter). *//* Muletilla conversacional. *//* pl. Historias, cuentos, tonterías, pejigueras; miramientos, consideraciones. *// a toda hostia* loc. A toda velocidad, muy deprisa. *// ¡ahí va la hostia!* Expresión de asombro, admiración, sorpresa; fastidio, contrariedad. *// darse una hostia* v. pegarse una hostia. *// de la hostia.* Locución que expresa desprecio o menosprecio. *//* Estupendo. *//* Tremendo, impresionante. *//* Muy grande, muy intenso, muy fuerte. *// estar de mala hostia* fr. Estar de mal humor, de mal talante. *// hinchar* o *inflar a hostias* fr. Dar una paliza. *// ¡hostia!* u *¡hostias!* Interjección de enfado, indignación, ira; dolor; fastidio, contrariedad; asombro, sorpresa, extrañeza; admiración, alegría. *// hostia club.* Centro parroquial. *// ¡hostia divina!, ¡hostia puta!* u *¡hostia santa!* Frase interjectiva ¡Hostia! *// hostia sin consagrar* f. Hostia, bofetón, puñetazo. *// ¡hostias en vinagre!* Expresión de enojo que indica negación, rechazo o disconformidad. *// ir echando* o *cagando hostias* fr. Ir a toda velocidad. *// la hostia* o *la hostia de* loc. Mucho, muchos, gran cantidad. *// ¡la hostia!* Expresión de asombro, admiración, sorpresa; fastidio, contrariedad. *// mala hostia.* Mala índole, mala intención; mal genio, mal carácter; mal humor, enojo, enfado. *// más... que la hostia.* Término de comparación. *// ¡me cago en la hostia!* Exclamación de irritación, contrariedad, etc. *// ni hostia* m. adv. Absolutamente nada. *// ni... ni hostias.* Fórmula de negación. *// pegarse una hostia* loc. Sufrir un accidente aparatoso. *// ¡qué hostias!* Expresión que indica decisión o con la que se refuerza lo que se acaba de manifestar. *// ¡qué hostias...!, ¿qué hostias...?, ¿dónde hostias...?* Encabeza frases que expresan malhumor, enojo, extrañeza, duda, displicencia, indiferencia, etc. *// ¡qué... ni* *qué hostias!* Fórmula de rechazo o negación respecto a lo que alguien acaba de afirmar. // *salir echando* o *cagando hostias* fr. Salir a toda velocidad. // *ser la hostia* fr. Ser el colmo, el no va más, lo insólito o inaudito. // *tener mala hostia* fr. Tener mala índole, mal genio o mal humor. // *y toda la hostia* loc. Y el resto, y lo que sigue, y lo que es de suponer.

hostiar tr. Golpear, dar puñetazos.

hostiazo m. Puñetazo. // Golpe.

hostión m. Puñetazo. // Golpe.

hotel m. Cárcel. // (mil.) Calabozo. // *hotel del Estado.* Cárcel. // *hotel Entenza.* Cárcel Modelo de Barcelona. // *hotel rejas.* Cárcel.

hueca f. (marg.) Homosexual masculino.

huerto *llevar al huerto* a alguien fr. Engañarlo.

huevada f. Los dos cojones. // Acción estúpida. // *una huevada* m. adv. Una enormidad, muchísimo.

huevamen m. Los dos cojones.

huevazos m. Calzonazos, hombre tranquilo. // pl. Cojones grandes. // *tener huevazos* fr. Tener flema, pachorra, cachaza; tener desfachatez, caradura, cinismo.

huevera f. Los dos cojones. // Escroto. // Suspensorio, protector de los cojones.

huevo m. Cojón. Esta voz forma parte, prácticamente, de las mismas frases y expresiones que «cojón», junto a otras exclusivas de este término. // *a huevo* loc. En inmejorables condiciones para hacer o conseguir algo; muy oportunamente. // *a puro huevo* loc. A base de mucho esfuerzo. // *costar un huevo* o *costar un huevo y la yema del otro* fr. Costar mucho, ser muy caro. // *¡chúpame un huevo!* Frase que expresa desprecio, indiferencia o superioridad respecto de alguien. // *importar un huevo* fr. No importar, tener sin cuidado. // *no valer un huevo* fr. No tener ningún valor o mérito. // *poner* o *ponerse a huevo* v. a huevo. // *poner un huevo* fr. Anunciar como novedad una cosa muy conocida por todos o exagerar algo que uno hace sin ser importante. // *saber un huevo* fr. Saber mucho. // *¡tócame un huevo!* Frase que expresa desprecio, enojo o negación. // *un huevo* m. adv. Mucho. // *¡un huevo!* Forma despectiva de negación, rechazo o disconformidad. // *un huevo y la yema del otro* m. adv. Mucho. // *valer un huevo* v. un huevo. // *¡y un huevo!* Forma despectiva de negación, rechazo o disconformidad. // *¡huevos!* Interjección de enfado, indignación, fastidio, sorpresa, admiración, alegría, etc. // *caer* o *sentar como una patada en los huevos* v. patada. //

caérsele a uno *los huevos (al suelo)* fr. Quedarse de una pieza, quedarse sorprendido, admirado, perplejo. // *con huevos* loc. Con valentía, decisión, coraje, etc. // *con más huevos que nadie* loc. Con valentía, coraje, etc. // *con muchos huevos* loc. Muy valiente. // *de huevos* o *de tres pares de huevos* loc. Estupendo, muy bueno; tremendo, impresionante; muy grande, muy intenso. // *dejar los huevos en casa* fr. Mostrar una actitud sumisa. // *de los huevos.* Expresión de desprecio. // *dolerle los huevos* a alguien fr. Agotársele la paciencia, estar harto. // *¡échale huevos!* Expresión de admiración o disgusto. // *echar huevos* a algo fr. Mostrar decisión, valentía, coraje. // *estar hasta los (mismísimos) huevos* fr. Estar hasta la coronilla, estar harto. // *hinchársele los huevos* fr. Agotársele a uno la paciencia. // *importar tres huevos* fr. No importar, tener sin cuidado. // *meterse hasta los huevos* fr. Meterse a fondo en un asunto. // *no haber más huevos* fr. No haber más remedio, más solución, más alternativa. // *no tener más huevos* fr. No tener más remedio, más solución, más alternativa. // *¡olé tus huevos!* Frase interjectiva de admiración o de aprobación. // *partirse los huevos* fr. luchar denodadamente, esforzarse mucho en algo. // *pa-*

sarse por los huevos. Frase que expresa indiferencia, desprecio o superioridad. // *poner los huevos encima de la mesa.* Frase que expresa actitud autoritaria. // *ponérsele los huevos por corbata* fr. Sentir miedo, preocupación o temor. // *por huevos* m. adv. A la fuerza, obligatoriamente, porque sí. // Inexcusablemente, irremisiblemente, sin vuelta de hoja. // *¡qué huevos!* Expresión con la que se refuerza algo que se acaba de manifestar. // *¡qué huevos…!* o *¿qué huevos…?* Encabeza frases que expresan malhumor, enojo, extrañeza, duda, displicencia, indiferencia. // *¡qué… ni qué huevos!* Fórmula de rechazo o negación respecto a lo que alguien acaba de afirmar. // *salirle de los huevos* a alguien fr. Querer, darle a uno la gana. // *sudarle los huevos* a alguien fr. Agotársele a uno la paciencia, estar harto. // *tener huevos* fr. Tener valor, coraje, audacia, autoridad, energía, etc. // Tener flema, pachorra, cachaza. // Tener desfachatez, caradura, cinismo. // *tener los huevos bien puestos* fr. Tener huevos, tener valor. // *tener más huevos que el caballo de Espartero* o *que el caballo de Santiago* fr. Tener huevos, tener valor. // *tener los huevos como un toro* fr. Tener huevos, tener valor. // *tener los huevos cuadrados* fr. Tener huevos, tener valor. // *tener un par de huevos* fr. Tener huevos, tener valor. // *¡tiene huevos la cosa!* Expresión que indica algo inaudito, inverosímil, paradójico, injusto o abusivo. // *¡tócame los huevos!* Frase que expresa indiferencia, desprecio o superioridad manifiesta. // *tocar los huevos* fr. Fastidiar, molestar, perjudicar. // *tocarse los huevos* fr. Holgazanear, estar sin hacer nada. // *¡tócate los huevos!* Expresión de admiración, sorpresa o disgusto. // Expresión con la que se manifiesta satisfacción por alguna adversidad ajena.

huevón, na adj. Tranquilo, cachazudo, indolente.

huevudo, da adj. Magnífico, estupendo, excelente. // Valiente, decidido; fuerte, resistente; varonil. // Tranquilo, cachazudo, indolente.

hule *haber hule* fr. Haber pelea o paliza.

húmeda *la húmeda*. La lengua.

I

idea *tener ideas de bombero* fr. Tener ideas o proyectos descabellados, extravagantes, absurdos. // *no tener ni puta idea* v. puta. // *no tener ni zorra idea* v. zorra.

iglesia *casarse por detrás de la iglesia* fr. Vivir maritalmente sin estar casados.

iguales m. pl. Cupones de la lotería de los ciegos. // *los iguales.* La pareja de la Guardia Civil.

impepinable adj. (Ac.) Incuestionable.

impermeable m. Condón.

indio *hacer el indio* fr. Hacer tonterías.

infanticida m. Aficionado a muchachas muy jóvenes.

inflagaitas com. Tonto, estúpido, majadero.

inflapollas com. Tonto, estúpido, majadero.

inopia *estár en la inopia* fr. Estar en Babia, estar distraído, no darse cuenta de lo que sucede.

instantánea f. Puta.

instrumento m. Picha.

invento *invento del tebeo.* Idea, ocurrencia o artefacto ingenuamente disparatado. // *joderse el invento* v. joder.

inyección *poner una inyección* fr. Joder el hombre.

ir *ir dao* fr. Irle mal las cosas a alguien, estar rodeado de complicaciones o dificultades. // *ir de...* fr. (pas.) Actuar o comportarse de un modo determinado. // *ir de culo* v. culo. // *irse* prnl. Tener el orgasmo. // Eyacular el semen. // (Ac.) Peerse o cagarse involuntariamente. // *va que arde* fr. Tener más que suficiente, bastar. // *va que chuta* fr. Tener más que suficiente, bastar. // Funcionar, marchar bien.

irlandés m. Café con whisky y crema de leche o nata.

italianini m. Italiano.

izquierdoso, sa adj. Izquierdista.

J

ja f. (marg.) Mujer.

jaca f. Mujer que tiene buen cuerpo, que está buena.

jai f. (marg.) Mujer.

jalar tr. y prnl. (Ac.) Comer.

jalón m. (marg.) Tirón, procedimiento de robo.

jalonero m. (marg.) El que roba por el procedimiento del jalón.

jalufa f. Hambre, gazuza.

jamancia f. Comida, condumio. // Hambre, apetito.

jamar tr. y prnl. (Ac.) Comer.

jamás *(en) jamás de los jamases* loc. Nunca jamás.

jambo, ba m. y f. (marg.) Hombre, mujer.

jamón *jamón de mono.* Cacahuetes. // *¡y un jamón!* o *¡y un jamón con chorreras!* Fórmula de negación, rechazo o disconformidad.

japonés *gastar menos que un japonés en boinas* fr. Ser muy tacaño.

jarabe de palo. Castigo físico.

jarales v. alares.

jebe m. (marg.) Culo, ano. // *dar por el jebe* fr. Dar por el culo.

jeró f. (marg.) Cara.

Jeroma *¡toma, Jeroma!* o *¡toma Jeroma, pastillas de goma!* Expresión con la que se muestra complacencia ante un hecho adverso que le sucede a alguien.

jesuita adj. Hipócrita.

jesuítico, ca adj. Hipócrita, solapado.

jeta f. Desfachatez, descaro, desvergüenza, cinismo. // adj. y m. Fresco, cínico, desvergonzado. // *por la jeta* m. adv. Con atrevimiento o descaro.

jibia m. Afeminado; homosexual.

jija(s) adj. y s. Tonto, estúpido, majadero.

jilipollas v. gilipollas.

jindama f. (Ac.) Miedo.

jiña f. (marg.) Excremento humano.

jiñar intr. y prnl. (marg.) Cagar.

jipi com. Hippie.

jipioso, sa adj. Que tiene pinta o inclinaciones de hippie.

jirafa f. Persona muy alta.

¡jo! interj. eufem. ¡Joder!

jodedor, ra adj. Que jode, especialmente el que lo hace con frecuencia.

joder tr. y prnl. Copular. // tr. Fastidiar, molestar, jorobar; perjudicar gravemente. //

Romper, estropear, destrozar; lesionar. // Hurtar, quitar. // (est.) Suspender. // tr. y prnl. Malograr, echar a perder, frustrar. // prnl. Fastidiarse, aguantarse, resignarse. // *¡a joderse!* o *¡a joderse tocan!* Frase que indica resignación. // *¡como dijo Herodes, te jodes!* Frase que invita a resignarse. // *cuando las ganas de joder aprietan, ni las tumbas de los muertos se respetan.* Refrán que señala lo imperioso de satisfacer las necesidades sexuales. // *cuanto más digas, más te joden las hormigas.* Refrán con el que se advierte a alguien de la inutilidad de sus quejas o protestas. // *¡hay que joderse!* Frase que expresa sorpresa, incredulidad, enfado, indignación, fatalidad o mala suerte. // *¡jodamos, que todos somos hermanos!* Frase que expresa el derecho que uno cree tener a beneficiarse de lo que considera de todos. // *¡joder!* Interjección de enfado, irritación; fastidio, contrariedad, disgusto; asombro, admiración, sorpresa. // *joderla* fr. Hacer o decir algo inoportuno o desacertado. // *joder la marrana* fr. Fastidiar, molestar, perjudicar. // *joder más que una china en un zapato* fr. Molestar o fastidiar mucho. // *joder no joderemos pero, joder, qué ganas tenemos.* Juego de palabras que expresa resignada insatisfacción. // *joder vivo* a alguien fr. Causarle un gran perjuicio. // *¡jódete!* o *¡jódete y baila!* Frase de satisfacción ante una adversidad ajena. // *¡no jodas, que incomodas!* Expresión de incredulidad y burla. // *¡nos ha jodido!* o *¡nos ha jodido mayo con sus flores!* Frase que expresa menosprecio por lo que alguien dice y que resulta evidente. // *¡no te jode!* Frase que expresa fastidio o desagrado. // *¡se jodió el invento!* o *¡se jodió la marrana!* Frase con la que se expresa que algo acaba de malograrse, frustrarse o estropearse.

jodido, da adj. Maldito, despreciable, indeseable; malintencionado, cicatero, ruin. // Fastidioso, molesto, desagradable; difícil, complicado. // Pícaro, tunante, travieso. // *estar jodido* fr. Estar roto, estropeado; enfermo, achacoso; cansado, reventado; desmoralizado, abatido; arruinado, sin dinero; lesionado, herido.

jodienda f. Copulación sexual. // Fastidio, incomodidad, engorro. // *la jodienda no tiene enmienda.* Frase proverbial humorística con la que se hace referencia a algún desliz sexual.

¡jodo! o **¡jodó!** Interjección de sorpresa, admiración, perplejidad. // *¡jodo, Floro!* fr. ¡Jodo!

joe v. yoe.

joi v. yoi.

¡jolín! o **¡jolines!** interj. eufemística ¡Joder!

¡**jope!** o ¡**jopé!** interj. eufem. ¡Joder!

¡**joroba!** Interjección de enfado, enojo, indignación; fastidio, contrariedad, disgusto; admiración, sorpresa, extrañeza, etcétera.

jorobar tr. (Ac.) Fastidiar. // Romper, estropear. // Hurtar; quitar. // tr. y prnl. Malograr, echar a perder, frustrar. // prnl. Fastidiarse, aguantarse, resignarse. // ¡*hay que jorobarse!* Frase que expresa sorpresa, incredulidad, enfado, indignación, fatalidad o mala suerte. // ¡*no jorobes!* Expresión de asombro, sorpresa o incredulidad.

judiada f. Acción cruel e inhumana; acción malintencionada, injusta o indigna contra alguien.

judío, a adj. Avaro, usurero.

jugársela fr. (Ac.) Engañar. // Ser infiel en la relación sexual.

jujana f. (marg.) Engaño.

jula m. (marg.) Julay, primo, incauto, novato. // (marg.) Homosexual.

julai v. julay.

julandra(s) m. (marg.) Julay, primo, incauto, novato.

julandrón, na m. y f. (marg.) Julay, primo, incauto, novato. // (marg.) Homosexual.

julay m. (marg.) Primo, incauto, novato; víctima de un hurto, timo o estafa. // (marg.) Individuo despreciable. // Homosexual.

jumear tr. Apestar, oler mal.

jumelar tr. Jumear.

junar tr. (marg.) Ver, mirar.

jundunares m. pl. (marg.) Guardias civiles.

juntarse prnl. Amancebarse.

jurdós m. pl. (marg.) Dinero.

K

kíe m. (marg.) Compañero, amigo.

kif m. Kifi.

kifi m. Derivado del cáñamo índico.

kilo m. (marg.) Millón de pesetas. // *medio kilo* (marg.) Medio millón de pesetas. // *un kilo* m. adv. Mucho.

L

lado *escupir de medio lado* fr. Ser muy chulo o fanfarrón.

ladrillo m. Cosa pesada o aburrida.

lameculos com. Persona servil, adulona.

lamer ...*que no se lame* o *que no se puede lamer*. Frase con la que se destacan la magnitud o la importancia de algo.

lamida f. Cunnilinguo.

lapicero m. Picha.

lapo m. Gargajo.

largar intr. Hablar, decir, contar.

lastre *lanzar lastre* fr. Cagar.

lata *estar sin lata* o *no tener ni lata* fr. Estar sin blanca, no tener nada de dinero.

latigazo m. Trago de vino o licor.

látigo m. Picha.

latín *jurar en latín* fr. Dar grandes muestras de enfado.

lavado de cabeza m. Felación.

lavaje m. Lavado profiláctico de los órganos genitales.

lea f. (marg.) Puta.

leandra f. Peseta.

lechada f. Semen.

leche f. Semen. // Puñetazo, golpe. // Golpe o choque violento y aparatoso. // Mala leche (mal humor; mala inten-ción; mal carácter). // Suerte. // Indole, clase, condición. // Fastidio, incomodidad, engorro. // Muletilla conversacional. // adj. Molesto, enojoso, desagradable. // Estúpido, majadero. // pl. Bobadas, tonterías, pejigueras, monsergas. // *a toda leche* m. adv. A toda velocidad, muy deprisa. // *darse una leche* v. pegarse una leche. // *de la leche*. Expresión despectiva referida a una persona o cosa. // *estar de mala leche* fr. Estar de mal humor. // *ir echando* o *cagando leches* fr. Ir a toda velocidad. // *¡la leche!* o *¡la leche puta!* Expresión de asombro, admiración, sorpresa; fastidio, contrariedad. // *¡leche!* Interjección de enojo, enfado, indignación; fastidio, disgusto, contrariedad; admiración, sorpresa. // *leche de pantera*. Leche condensada con ginebra. // *¡leche puñetera!* Expresión de enojo o contrariedad. // *¡leches!* Forma de negación. // *mala leche* loc. Mala intención, mala índole. // Mal genio, mal carácter. // Mal humor, mal talante. // *más... que la leche* Término de comparación. //

95

¡*me cago en la leche!* Expresión interjectiva de enojo o contrariedad. // *ni... ni leche.* Fórmula de negación. // *pegarse una leche* fr. Sufrir un accidente violento y aparatoso. // *ponerse de mala leche* fr. Ponerse de mal humor, cabrearse. // *¡por la leche que mamé!* o *¡por la leche que mamaste!* Expresión que señala el firme propósito de cumplir una amenaza o determinación. // *¡qué leches...!* o *¿qué leches...?* Encabeza frases que expresan malhumor, enojo, extrañeza, duda, displicencia, indiferencia, etc. // *¡qué... ni qué leches!* Fórmula de rechazo o negación respecto de lo que alguien acaba de manifestar. // *sacar leche de un botijo* fr. Tener muchos recursos, lograr cosas que parecen imposibles. // *salir echando* o *cagando leches* fr. Salir a toda velocidad. // *ser la leche* fr. Ser el colmo, el no va más, lo increíble, lo inaudito. // *ser una leche* fr. Ser una cosa fastidiosa, molesta, engorrosa, perjudicial. // Ser una tontería, una bobada, un cuento. // *tener la leche avinagrada* fr. Estar amargado. // *tener leche* fr. Tener buena suerte. // *tener mala leche* fr. Tener mala índole, mala intención; mal genio, mal carácter. // Tener mala suerte. // *¡una leche!* o *¡y una leche!* Formas de rechazo o negación.

lechera f. Coche blanco de la policía.

lechoso, sa adj. Afortunado, que tiene buena suerte.

lechuga f. Billete de mil pesetas.

lechuzo m. Tonto, poco despierto.

lefa f. Semen.

legal adj. (marg.) Leal, digno de confianza.

lejía m. (marg.) Legionario.

lengua *darle a la lengua* fr. Hablar mucho. // *darse la lengua* fr. Besarse introduciendo la lengua en la boca. // *meterse la lengua en los cojones* o *en el culo* fr. Callarse, dejar de importunar.

lenteja f. (dro.) Dosis de LSD.

leñazo m. Golpe. // Colisión, choque.

¡leñe! interj. eufem. ¡Leche!

leñero adj. (fút.) Jugador que realiza un juego duro.

leño *dormir* o *estar como un leño* fr. Dormir profundamente.

león, na *leones* m. pl. (fút.) Jugadores del Athlétic de Bilbao. // (marg.) Dados trucados. // *leona* f. Puta. // Mujer experimentada y provocadora. // (marg.) Portera.

lerenda v. menda.

levantar tr. Robar; hurtar, quitar.

ley *según la ley de Mahoma, tan maricón es el que da como el que toma.* Expresión achulada, de obvio entendimiento, a la que a veces se replica con *...pero según la ley de Jesu-*

cristo, el que da es el más listo.

liado, da p.p. de liarse.

liar *liarlas* fr. Morirse // *liarse* prnl. Vivir maritalmente sin estar casado. // Dar explicaciones excesivas, hablar mucho.

líbero m. (fút.) Jugador que refuerza la línea de defensa y que se halla situado detrás de ésta.

libra f. (marg.) Billete o moneda de cien pesetas. // *media libra* (marg.) Cincuenta pesetas.

licha f. (marg.) Calle.

lienzo *ídem de lienzo* loc. Idem, lo mismo, igual.

ligar tr. y prnl. Conquistar con fines sexuales. // tr. (pas.) Conseguir, agenciarse. // (pas.) Comprar. // (marg.) Hurtar, robar. // (marg.) Detener.

ligón, na m. y f. Persona con atractivo y simpatía que liga fácilmente.

ligue m. Relación amistoso-sexual pasajera. // Persona con la que se mantiene este tipo de relación.

lila m. (Ac.) Tonto. // (marg.) Víctima de un hurto o estafa.

lilaila adj. y m. Lila.

lili *estar lili* fr. (mil.) Estar licenciado.

lima f. (marg. Ac.) Camisa.

limo m. (marg.) Bolso de mujer.

limones m. pl. Tetas.

limpia m. Limpiabotas.

limpiar tr. Hurtar, robar.

línea f. (dro.) Dosis de cocaína o de cualquier otra droga en polvo.

lingotazo m. Trago de bebida alcohólica.

lío m. Asunto, rollo, tinglado.

lique m. Patada. // *dar el lique* fr. Despedir del trabajo. // *darse el lique* fr. Largarse.

liquidar tr. Matar, asesinar.

lisa adj. Se dice de la mujer de poco pecho. // *tenerla lisa* fr. Tener buena suerte un hombre.

listillo, lla adj. y s. Sabiondo.

listón *ser más listo que un listón* fr. Dárselas de listo.

litri adj. Cursi, presumido, afectado.

lobo, ba *loba* f. Puta. // Mujer experimentada y provocadora. // *¡menos lobos!* Expresión con la que se manifiesta a alguien que exagera.

loca f. Homosexual afeminado que exterioriza su condición.

locatis adj. Chiflado; alocado.

loco, ca *a lo loco* m. adv. Sin reflexión, alocadamente. // *estar loca por la música* fr. Ser una mujer de fácil trato sexual. // *hacerse el loco* fr. Hacerse el despistado o distraído. // *no... ni loco* loc. En modo alguno, en absoluto.

loma f. (marg.) Mano.

longaniza f. Picha.

longui(s) *hacerse el longui(s)* fr. (Ac.) Disimular.

loro m. Mujer fea, especialmente cuando no es joven. // (marg.) Radiocassette o transistor. // *¡al loro!* (marg.)

¡Atención!, ¡alerta!, etc. // *estar al loro* fr. (marg.) Estar al tanto, estar alerta.

lote m. Magreo. // *darse* o *pegarse el lote* fr. Magrear. // Darse un hartazgo de algo.

lúa f. Peseta.

lumi f. (marg.) Puta.

lumiasca f. (marg.) Puta.

lumumba m. Batido de cacao con coñac.

luto m. Suciedad en las uñas.

LL

llorona f. Borrachera triste.

M

macabeo v. rollo macabeo.

macarra m. Chulo de putas, rufián. // Chulo de barrio, individuo follonista y sin escrúpulos. // adj. (pas.) Punk. // (pas.) Hortera, vulgar, de mal gusto.

macarrilla m. Macarra.

macarrón m. Macarra, chulo de putas, rufián.

maciza adj. Se dice de la mujer que tiene buen cuerpo, que está buena.

maco m. (marg.) Cárcel. // (mil.) Calabozo.

macró m. Chulo de putas, rufián.

macutazo m. (mil.) Rumor, noticia oficiosa; bulo.

machaca m. (mil.) Machacante, soldado destinado a servir a los sargentos de una unidad.

machacante m. Duro, moneda de cinco pesetas.

machacar *machacársela* fr. Masturbarse el hombre // ¡te la machacas! Frase de satisfacción ante una adversidad ajena.

macho adj. Viril. // Apelativo afectuoso.

machorra f. Lesbiana.

machote adj. Bien plantado. // Viril.

madaleno m. (marg.) Individuo de la policía secreta.

madam *la madam* (marg.) La policía.

madera *la madera* (marg.) La policía. // *mover madera* fr. En el ajedrez, limitarse a mover las piezas por falta de técnica. // *tocar madera* fr. Precaverse de un supuesto maleficio o de algo que puede traer mala suerte o tener malas consecuencias.

madero m. (marg.) Individuo de la policía.

madre f. (marg.) Homosexual pasivo. // *cagarse en su madre* fr. Agraviar o injuriar a alguien. // *de puta madre* loc. Estupendo, muy bueno; tremendo, impresionante; muy grande, muy intenso. // m. adv. Estupendamente, muy bien. // *el que no tiene con quién, se acuesta con su madre*. Refrán con el que se expresa lo apremiante de la necesidad sexual. // *¡la madre que te parió!* o *¡la madre que te matriculó!* Exclamación de indignación, irritación o contrariedad. // *¡la madre que te parió, qué descansada quedó!* Expresión con la que se cen-

101

sura, en tono amigable, la actuación o el proceder de alguien. // *¡maldita sea la madre que te parió!* Exclamación de enojo o irritación contra alguien. // *¡me cago en tu (puta) madre!* Expresión muy injuriosa. // *mentar a la madre* fr. Agraviar o injuriar a alguien. // *¡mi madre!* Exclamación de admiración, asombro o sorpresa. // *ser lo más... que ha parido madre.* Expresión despectiva para destacar algún defecto o censurar un modo de proceder. // *¡su madre!* Exclamación de enojo o irritación; de asombro, admiración o sorpresa. // *su madre será una santa, pero él es un hijo de puta.* Frase para aludir a una persona malintencionada, que hace malas pasadas. // *¡tu madre!* Improperio contra alguien. // *¡viva la madre que te parió!* Expresión de entusiasmo y aprobación dirigida a alguien. // Requiebro dirigido a una mujer.

madriles adj. y s. Madrileño. // *Los Madriles.* Madrid.

magrear tr. y prnl. (Ac.) Sobar, manosear a una persona.

magreo m. Acción y efecto de magrear, sobo, parcheo.

mai o **mail** m. (dro.) Porro.

majara adj. Majareta.

majareta adj. (Ac.) Chiflado.

mala *estar mala* fr. Estar con la menstruación.

malaje, malage o **malange** adj. y s. Malasombra, soso, sin gra-

cia; malintencionado, cabrón.

malaúva adj. y s. Persona de mala índole o intención.

maletilla m. Aspirante a torero, que practica en tientas o capeas.

malnacido, da adj. Indeseable, despreciable, cabrón, hijoputa.

malvas *criar malvas* fr. Estar muerto y enterrado.

mamada f. Felación.

mamaderas f. pl. Tetas, especialmente de la mujer que está criando.

mama(d)o adj. Fácil, sencillo. // (Ac.) Borracho.

mamar tr. Beber vino o licores. // Beber a morro. // intr. Sacar provecho, beneficio o ganancia sin esfuerzo o trabajo. // *mamarla* fr. Hacer la felación. // *mamarla de canto* fr. Ser muy tonto. // *mamarse* prnl. Emborracharse. // *mamarse* algo fr. Recibir inesperadamente algún mal o perjuicio. // Gastar un tiempo excesivo en algo.

mamellas f. pl. Tetas.

mamerto, ta adj. Tonto, estúpido.

mamón, na adj. Persona indeseable, despreciable, que hace cabronadas.

mamonazo, za aum. de mamón.

manazas adj. y s. Persona torpe con las manos.

manca *la manca* (marg.) La parte izquierda.

manda(d)o m. Bofetón, puñetazo.

mandamás m. Jefe.

mandanga f. (dro.) Marihuana. // *mandangas* pl. Historias, cuentos; tonterías, pejigueras.

mandanguero m. (dro.) Fumador asiduo de mandanga.

manduca f. Comida, alimento.

manducar tr. (Ac.) Comer.

manducatoria f. Comida.

manejador m. Manager, en el argot de los rockeros.

manflorita m. Afeminado.

manga *ser más corto que las mangas de un chaleco* fr. Ser muy corto, retraído o torpe.

mangante com. (Ac.) Persona que manga; sinvergüenza.

mangar tr. (Ac.) Robar; hurtar. // (Ac.) Sablear.

mango m. Picha.

mangui m. (marg.) Ladronzuelo, descuidero, chorizo. // Individuo que no merece confianza. // adj. (marg.) Malo, que carece de valor o calidad; falso, no auténtico.

mangurrino m. (marg.) Mangui.

manguta m. (marg.) Mangui.

mani f. Manifestación.

manitas com. Persona habilidosa. // *hacer manitas* fr. Acariciarse las manos una pareja.

mano *la mano tonta*. La que se deja como descuidada y con la que disimuladamente se soba a alguien. // *¡las manos quietas, que van al pan!* Frase que dicen las mujeres cuando alguien intenta propasarse. // *meter mano* fr. Magrear.

manso m. (marg.) Colchón.

manta m. Holgazán, vago, gandul. // f. Galbana, pereza.

manteca f. Dinero.

mantenida f. Amante que vive a expensas de un hombre.

manú o **manús** m. (marg.) Hombre; individuo, tío, gachó.

mapa *borrar del mapa* fr. Eliminar, matar.

mapamundi m. Culo, trasero.

maqueado *ir maqueado* fr. (marg.) Ir elegantemente vestido.

maqueto m. Apodo que dan los vascos a los inmigrantes que proceden del resto de España.

máquina f. (mil.) Ametralladora. // Bicicleta. // Motocicleta.

mara f. (marg.) Gente; gentío, muchedumbre.

maraña f. Follón, jaleo. // m. Follonero.

mafar tr. (marg.) Matar, asesinar. // (marg.) Pegar, golpear, dar una paliza; herir.

marcarse prnl. (pas.) Hacer, llevar a cabo, realizar; conseguir. // Contar, decir, soltar.

marco m. (dep.) Portería.

marcha f. (pas.) Euforia individual o colectiva. // (pas.) Juerga, diversión, animación. // *apearse en marcha* fr. Retirar la picha inmediatamente antes de eyacular. // *dar marcha* fr. Pegar, golpear, maltratar. // *irle la marcha* a alguien fr. Tener inclinaciones masoquistas. // (pas.) Tener afición a la juerga en general, o al sexo, la droga, la bebida, etc., en especial. // *marcha atrás.* Retirada de la picha inmediatamente antes de eyacular.

marchoso, sa adj. (pas.) Alegre, divertido, juerguista; activo, decidido. // (pas.) Referido a la música, estimulante.

margarita *estar criando margaritas* fr. Estar muerto y enterrado.

maría f. (dro.) Marihuana. // (marg.) Caja de caudales. // Ama de casa. // *las tres marías* (uni.) Formación Religiosa, Formación Política y Educación Física.

marica m. (Ac.) Afeminado. // Homosexual, especialmente el que es afeminado. // f. Homosexual pasivo.

maricón m. (Ac.) Afeminado. // (Ac.) Homosexual. // Persona despreciable, indeseable, malintencionada. // *maricón de playa.* Chulo, fanfarrón, presuntuoso. // *¡maricón el último!* Expresión para animar a no ser el último.

maricona f. Homosexual afeminado.

mariconada f. Mala pasada, acción malintencionada o indigna contra alguien. // Tontería, estupidez, nimiedad.

mariconear intr. Hacer de maricón.

mariconeo m. Actividad de los maricones o trato con ellos.

mariconera f. Bolso de mano para hombres.

mariconería f. Calidad de ma-

ricón. // Conjunto de maricones. // Mariconada.

marimacho m. Lesbiana. // Lesbiana que hace el papel masculino.

mariposa m. y f. Afeminado; homosexual.

mariposo m. Afeminado; homosexual.

mariposón m. Afeminado; homosexual.

mariquita m. y f. (Ac.) Afeminado. // Homosexual, especialmente el que además es afeminado. // f. (marg.) Caja de caudales.

marmota f. Criada.

maromo f. Individuo, tío, fulano.

marrajo m. (marg.) Candado.

marrana *fastidiar, gibar, joder, jorobar* o *pringar la marrana* fr. Fastidiar, molestar, perjudicar. // *¡se jodió la marrana!* Frase que expresa que algo acaba de estropearse, malograrse o frustrarse.

marrón m. Billete de cien pesetas. // (marg.) Causa criminal. // (marg.) Sumario. // (marg.) Condena. // *comerse un marrón* fr. (marg.) Confesarse autor de un delito, implicarse en un sumario. // *ir de marrón* fr. (marg.) Encontrarse en situación ilegal, llevar algo que compromete. // *pillar de marrón* fr. (marg.) Pillar in fraganti, con las manos en la masa.

masar tr. (dep.) Dar masaje.

masoca com. Masoquista.

mastodonte m. Persona o cosa muy voluminosa.

matarlo fr. (dro.) Terminar el porro.

matildes f. pl. Acciones bursátiles de la Compañía Telefónica.

matracas f. pl. (esc.) Matemáticas.

mayo *¡nos ha jodido mayo con sus flores!* v. joder.

meada f. Corte verbal o acción que deja a alguien humillado, apabullado o en ridículo.

meado, da *estar meado* un asunto fr. Resultar muy fácil de hacer o de lograr.

meapilas com. Beato.

mear *mear* a alguien fr. Vencer, superar abiertamente a alguien dejándole apabullado, humillado o en ridículo. // *mearse* prnl. Sentir mucho miedo. // *mearse de risa* v. risa. // *mearse* en algo o en alguien fr. Tenerle a uno sin cuidado una persona o cosa, mostrar desprecio o menosprecio por algo o alguien. // *mear torcido* fr. Salirle mal las cosas a alguien, tener mala suerte. // *pillar meando* fr. Sorprender in fraganti.

measalves com. Beato.

mecagüen Contracción de «me cago en...».

mecha f. (marg.) Procedimiento de hurto que consiste en hurtar objetos de las tiendas escamoteándolos entre las ropas, en bolsos o en otros objetos de uso personal.

mechero, ra m. y f. Persona que hurta por el procedimiento de la mecha.

melé f. (fút.) Aglomeración, lío de jugadores ante la portería.

melón m. Cabeza. // *estrujarse el melón* fr. Hacer un gran esfuerzo mental.

melopea f. Borrachera.

menda pron. (Ac.) Yo. También se utilizan las formas *mi menda, este menda, menda el estercolero, menda lerenda, menda lironda* y *mendi lerendi.* // m. (Ac.) Individuo, sujeto.

menear *de no te menees* loc. Tremendo, enorme, extraordinario; importante. // *meneársela* fr. Masturbarse el hombre. // *¡me la meneas!* Frase que expresa desprecio, indiferencia o superioridad.

meninges *estrujarse las meninges* fr. Pensar, cavilar.

meódromo m. Urinario, váter.

merengar tr. Fastidiar, molestar, jorobar.

merengue adj. (fút.) Del club de fútbol Real Madrid.

merluza f. (Ac.) Borrachera.

merluzo adj. Tonto, estúpido.

mes *el mes.* La menstruación.

mesa *ponerlos sobre la mesa.* Frase que expresa actitud autoritaria.

metepatas com. Persona que hace o dice cosas inoportunas.

meter *a todo meter* fr. A toda velocidad. // *meterla* o *meterla en caliente* fr. Introducir la picha en el coño; por ext., joder el hombre. // *¡métetelo donde te quepa!* Expresión de enojo con que se rechaza o desprecia una cosa.

metralla f. Conjunto de moneda fraccionaria.

meublé m. Casa de citas.

mezquita *mezquita, mezquita de Alí-Ben-I-Mea* o *mezquita de Alí-Ben-A-Mear.* Urinario, váter.

¡miau! Exclamación de incredulidad o desconfianza.

micro m. Micrófono.

microbio m. Niño pequeño.

micropunto m. (dro.) Variedad muy pequeña de LSD que se presenta en colores muy diversos.

michelines m. pl. Rollos de grasa en la cintura.

miedica adj. (inf.) Miedoso, cobarde.

mieditis aguditis. Mucho miedo.

miedo *cagarse de miedo* fr. Tener miedo, acobardarse, acoquinarse. // *de miedo* loc. Tremendo, enorme, extraordinario; estupendo, muy bueno. // Referido a una mujer, tener muy buen tipo, estar muy buena. // m. adv. Muy bien, estupendamente. // *mearse de miedo* fr. Tener mucho miedo.

mierda com. Persona o cosa despreciable, sin cualidad ni mérito alguno. // m. Individuo de la Policía Armada con uniforme marrón. // f. Borrachera. // Enfermedad venérea. // Impresos subversivos. // (dro.) Hachís. // *¡a la mierda!* Elipsis de las frases «¡vete a la mierda!» e «irse algo a la

mierda». // *coger* o *agarrar una mierda* fr. Emborracharse. // Contraer una enfermedad venérea. // *cubrirse de mierda* fr. Quedar en ridículo o en evidencia por las propias palabras o acciones. // *de (la) mierda.* Expresión despectiva referida a una persona o cosa. // *enviar a la mierda* v. mandar a la mierda. // *estar hecho (una) mierda* fr. Estar muy cansado o abatido. // *importar una mierda* fr. Tener a uno sin cuidado un asunto, no importarle lo más mínimo. // *irse a la mierda algo* fr. Malograrse, estropearse; acabar malamente. // *mandar a la mierda* fr. Rechazar a una persona con enojo, desprecio o de malos modos. // *¡mierda!* Interjección de enojo, contrariedad, rechazo o negación. // *no comerse una mierda* fr. No conseguir lo que se pretende. // *no valer una mierda* fr. No tener ningún valor, no servir para nada. // *pillar una mierda* fr. Emborracharse. // Contraer una enfermedad venérea. // *¿qué mierda…?* Encabeza preguntas displicentes. // *¡una mierda!* o *¡y una mierda!* Formas despectivas de negación, rechazo o disconformidad. // *¡vete a la mierda!* Frase de rechazo o desprecio.

mierdecilla m. Individuo delicado, melindroso; canijo, insignificante.

mierdica m. Individuo cobarde, pusilánime.

mierdoso, sa adj. Asqueroso, despreciable.

mili f. Servicio militar. // m. Miembro de ETA (rama militar). // *hacer la mili* fr. Hacer el servicio militar. // *tener mucha mili* fr. (mil.) Tener mucha experiencia.

militroncho m. Militar.

milk *mala milk* loc. Mala leche (mal humor; mal carácter, mala intención).

milonga f. Trola, mentira.

minga f. Picha.

mingo m. Picha.

minina f. (inf.) Picha.

mirlo m. Lengua. // *achantar el mirlo* fr. Callar.

mirón m. Voyeur.

misa *eso va a misa.* Frase que expresa total certeza o seguridad. // *que diga* o *que digan misa.* Frase para indicar que a uno le tienen sin cuidado los comentarios o las reacciones de los demás.

mismísimos *estar hasta los mismísimos* fr. Estar hasta los cojones, estar harto. // *salir de los mismísimos* fr. Salir de los cojones, querer, darle a uno la gana.

míster m. (fút.) Entrenador.

moco m. Farol, exageración. // Borrachera. // *no pegar ni con mocos* fr. Ser incongruente una cosa con otra; no venir a cuento. // *tirarse el moco* fr. Exagerar.

mogollón m. Gran cantidad. // Lío, confusión.

mojamé m. Moro.

mojar tr. Celebrar algo bebiendo. // *mojar* o *mojar en caliente* fr. Joder el hombre.

mojarra f. Lengua.

mol m. (marg.) Vino.

molar tr. Gustar, irle a uno. // intr. Lucir, resultar una cosa elegante, distinguida o de categoría. // Presumir, darse tono o importancia. // *molar cantidad* o *molar un kilo* fr. Gustar mucho. // *no molar algo* fr. No marchar bien un asunto, no pitar.

molido, da *estar molido* fr. Estar muy cansado.

molón, na adj. (pas.) Bonito, vistoso, aparente. // (pas.) Elegante, bien vestido.

mollar adj. Bueno, de calidad, interesante. // Dicho de una mujer, que tiene buen tipo.

mollate m. Vino corriente, ordinario.

mona f. (Ac.) Borrachera. // *cabreado como una mona* loc. Muy cabreado. // *dormir la mona* fr. Dormir después de una borrachera. // *mandar a freír monas* fr. Rechazar a una persona con enojo o desprecio. // *¡vete a freír monas!* Frase de rechazo o desprecio.

monada *¡de eso nada, monada!* Expresión para negar o rehusar.

monda *la monda* o *la monda lironda* loc. El colmo, el no va más, lo insólito o inaudito.

mondarse prnl. Desternillarse de risa.

money m. Dinero.

mono m. Individuo de la Policía Armada. // (dro.) Síndrome de abstinencia. // *el último mono*. Persona insignificante. // *¿tengo monos en la cara?* Pregunta con la que uno se defiende de las miradas insistentes y molestas de alguien.

montado, da *estar montado* fr. Tener mucho dinero, estar en situación boyante.

montaje m. Farsa, tinglado.

montar tr. y prnl. Joder a una mujer. // *montarse* prnl. (pas.) Organizar; hacer. // *montárselo* fr. (pas.) Organizarse uno los propios asuntos, enfocar la vida de una determinada manera.

montón *un montón* m. adv. Mucho.

monumento m. Mujer esbelta y hermosa.

moño *estar hasta el moño* fr. Estar hasta la coronilla, estar harto.

moraco, ca adj. Moro.

morado, da *pasarlas moradas* fr. Verse en situación muy difícil, apurada o arriesgada. // *ponerse morado* fr. Disfrutar hasta la saciedad de la comida, del sexo o de cualquier otro placer.

moral *tener más moral que el Alcoyano* fr. Ser excesivamente optimista.

morcilla f. Picha. // *dar morcilla* fr. Matar. // Causar algún daño. // *¡que te den morcilla!* Frase para rechazar a alguien con enfado o desprecio.

morcillona adj. Se dice de la

picha cuando cesa el estado de erección.

morder tr. (marg.) Reconocer a alguien.

morena *y lo que te rondaré, morena*. Locución con la que se indica que todavía falta mucho para que termine lo que se menciona.

morfa f. (dro.) Morfina.

moro m. Hombre que tiene sometida a su mujer. // (dro.) Camello, traficante de droga.

morrazos com. Persona de labios gruesos y prominentes.

morrear tr. y prnl. Besar en la boca.

morreo m. Acción de morrear o morrearse.

morrera f. Los labios, la boca.

morro *arrugar o torcer el morro* fr. Exteriorizar desagrado o contrariedad. // *caerse de morros* fr. Caerse de bruces. // *dar en el morro* fr. Pegar en la boca. // *echarle morro* fr. Ser atrevido, descarado o cínico. // *partir los morros* fr. Pegar en la boca; por ext., golpear en la cara. // *pasar por los morros* fr. Echar en cara. // *por el morro* m. adv. Con atrevimiento o descaro. // *tener morro* fr. Tener desfachatez, frescura o cinismo. // *tierno de morro*. Boquirrubio, persona que habla más de la cuenta. // *untar los morros* fr. Pegar en la boca; por ext., golpear en la cara.

morrocotudo, da adj. (Ac.) Impresionante. // Formidable.

morterada f. Dinero sustancioso que se cobra.

mosca f. (Ac.) Dinero. // adj. Amoscado, receloso. // *asarse las moscas* fr. Hacer mucho calor. // *¡átame esa mosca por el rabo!* Frase que expresa despropósito o absurdidad. // *por si las moscas* fr. Por si acaso, por lo que pueda suceder. // *subírsele la mosca a la nariz* fr. Mostrarse receloso, escamado, desconfiado.

mostrador m. Tetas.

moto *la moto.* Tortura que consiste en colocar un casco de motorista en la cabeza y golpear con porras u objetos contundentes.

motoricón m. Guardia de tráfico motorizado.

movida f. (pas.-marg.) Acción irregular. Tiene significados muy diversos según el contexto: movida de los monos «redada de la policía», movida de costo «trapicheo de hachís», etcétera.

mu *ni mu* m. adv. Absolutamente nada.

mueblé m. Meublé, casa de citas.

muermo m. (dro.) Malestar físico o mental que en determinadas circunstancias produce el hachís, la marihuana u otra droga. // (pas.) Depresión, aburrimiento, tedio. // (pas.) Individuo tedioso, aburrido, soso. // (pas.) Situación, cosa o asunto enojoso, pesado o aburrido.

muerte *de muerte* loc. Tremendo, enorme, extraordinario. // Estupendo, muy bueno. // m. adv. Muy bien, estupendamente. // *estar de muerte.* Tener muy buen tipo una mujer, estar muy buena.

muerto m. Trabajo pesado, fastidioso, ingrato. // Persona o cosa muy pesada o aburrida. // (dro.) Colilla de porro. // *cagarse en sus muertos* fr. Agraviar o injuriar a alguien. // *hacer el muerto* fr. Flotar boca arriba una persona en el agua. // *¡me cago en (todos) tus muertos!* Expresión muy injuriosa contra alguien. // *¡tus muertos!* Improperio, injuria.

mui v. muy.

mujer *mujer de la vida.* Puta. // *mujer de la vida alegre.* Puta. // *mujer fatal.* Vampiresa, mujer seductora.

mulé *dar mulé* fr. (marg.) Matar, asesinar.

mulo *estar hecho un mulo* fr. Estar fuerte.

murga f. Fastidio, lata, cosa que resulta pesada o molesta. // *dar la murga* fr. Molestar, importunar.

música *música enlatada.* Música grabada.

muslamen m. Muslos.

muy *la muy* (marg.) Lengua. Por ext., boca. // *achantar la muy* fr. Callar. // *irse de la muy* fr. Irse de la lengua, hablar más de lo debido. // *largar por la muy* fr. Hablar, decir, contar.

N

nabo m. Picha.

naja *salir de naja* fr. (marg. Ac.) Najarse.

najarse prnl. (marg.) Huir, escapar, marcharse, largarse.

nalgamen m. Nalgas.

nano, na m. y f. Chiquillo.

napo m. (marg.) Billete de mil pesetas.

naquerar intr. (marg.) Hablar.

naranjero m. Cierto modelo de subfusil que usaba la Guardia Civil.

narices. Interviene en numerosas frases y expresiones con igual significado que las formadas con la voz «cojón». // *de las narices*. Expresión despectiva referida a una persona o cosa. // *de narices* loc. Estupendo, muy bueno; tremendo, impresionante; muy grande, muy intenso; mucho. // *estar hasta las narices* fr. Estar hasta la coronilla, estar harto. // *metérsele* algo *en las narices* fr. Obstinarse, empeñarse en algo. // *¡narices!* Interjección de enfado, indignación, fastidio, sorpresa, admiración, etcétera. // Fórmula despectiva de negación, rechazo o disconformidad. // *¡ni... ni narices!* Fórmula de negación. //

no haber más narices fr. No haber más remedio, más solución, más alternativa. // *por narices* m. adv. A la fuerza, obligatoriamente, porque sí. // Inexcusablemente, irremisiblemente, sin vuelta de hoja. // *¡qué narices!* Expresión que indica decisión o con la que se refuerza algo que se acaba de manifestar. // *¡qué narices...!* o *¿qué narices...?* Sin valor conceptual encabeza frases que expresan malhumor, enojo, extrañeza, duda, displicencia, indiferencia, etc. // *¡qué... ni qué narices!* Fórmula de negación con tono de enfado. // *romper las narices* fr. Golpear en las narices; por ext., pegar en la cara. // *salir de las narices* a alguien fr. Querer, darle a uno la gana. // *tener narices* fr. Tener valor, coraje, audacia, autoridad, energía, etc. // *¡tiene narices!* o *¡tiene narices la cosa!* Expresión que indica algo inaudito, inverosímil, sorprendente, paradójico, injusto o abusivo. // *¡tócame las narices!* Frase que indica desprecio, indiferencia o superioridad manifiesta. // *tocar las narices* fr.

Fastidiar, molestar, incordiar, importunar. // *tocarse las narices* fr. Holgazanear, estar sin hacer nada. // *¡tócate las narices!* Expresión de admiración, sorpresa, disgusto o contrariedad.

narizotas com. Persona que tiene la nariz muy grande.

nasti adv. No, nada; imposible, de ningún modo.

naturaca adv. Naturalmente.

navajero m. Ladrón que roba intimidando o agrediendo a sus víctimas con navaja.

nazareno m. (marg.) Estafador que abre un local comercial y pide géneros a crédito, desapareciendo en cuanto los ha revendido.

necro f. (med.) Necropsia, autopsia.

negro, gra *estar, poner* o *ponerse negro* fr. Muy irritado, indignado, exasperado. // Muy caliente o excitado sexualmente. // *estar* o *ponerse negro* algo fr. Tomar mal cariz un asunto. // *más negro que el sobaco de un ciego* o *que los cojones de un grillo* fr. Muy negro. // *pasarlas negras* fr. Verse en situación muy difícil, apurada o arriesgada. // *verse negro* fr. Verse con muchas dificultades para hacer una cosa.

nen *de nen* m. adv. No, ni hablar, de ningún modo.

neo f. (med.) Neoplasia, cáncer.

neura f. Neurastenia. // adj. Neurasténico.

neurona *derraparle las neuronas* a alguien fr. Tener confusión mental, decir tonterías.

nicabar tr. (marg.) Robar, hurtar.

niebla *¡esfúmate en la niebla!* fr. ¡Lárgate!

nieve f. (dro.) Cocaína.

ninchi m. Niño, muchacho. // Compinche, amigo.

niño, ña *la niña bonita.* El número quince. // *niño bonito.* Niño bien. // *niño cebolla.* Niño que lleva muchas prendas de abrigo. // *niño gótico.* Niño bien. // *niño pera.* Niño bien.

nones adv. Ni hablar, no, de ningún modo.

noquear tr. (box.) Dejar un púgil fuera de combate a su contrincante.

nota m. Individuo, tío, fulano. // (pas.) Individuo que llama la atención. // *ir para nota* fr. Poner excesiva aplicación en lo que se hace.

novia f. (mil.) Fusil.

NPI Siglas de «Ni Puta Idea», que expresan total desconocimiento.

numerito *hacer* o *montar el numerito* v. número.

número m. Modalidad erótica, variante sexual. // *hacer* o *montar el número* fr. Hacer algo extravagante, escandaloso o que llame la atención. // *tomar el número cambiado* fr. Tomar el pelo, aprovecharse de la ingenuidad o tolerancia de alguien.

Ñ

ñarra com. (marg.) Niño.

ñorda f. Mierda, excremento.

O

o *no saber hacer la o con un canuto* fr. Ser muy ignorante.

oca ¡la oca! loc. El colmo, el no va más, lo insólito e inaudito.

ocuparse prnl. Estar la puta con un cliente.

ocho *más chulo que un ocho* v. chulo.

oficio *ser del oficio* fr. Dedicarse a la prostitución.

ojete m. (Ac.) Ano.

ojo *mear en el ojo* fr. Superar abiertamente a alguien dejándolo apabullado, humillado o en ridículo. // *ojo a la funerala*. Ojo amoratado a consecuencia de algún golpe. // *ojo a la pava*. Ojo a la funerala. // *ojo a la virulé*. Ojo a la funerala. // *ojo del culo*. Ano.

olivas *cambiar el agua a las olivas* v. agua.

¡olvídame! fr. ¡Déjame en paz!, ¡déjame tranquilo!

onda *estar en la onda* fr. (pas.) Estar en el rollo. // *estar en la onda de...* fr. (pas.) Estar en la línea de...

orange m. (dro.) Variedad de LSD de color naranja.

oreja *hacer pipí en la oreja* v. pipí. // *planchar la oreja* fr. Dormir.

orinal m. (mil.) Casco.

orsay m. (fút.) Fuera de juego. // *estar en orsay* fr. Estar distraído, despistado.

osa ¡la osa! Exclamación de asombro, sorpresa, admiración o extrañeza.

ostia v. hostia.

ostiar v. hostiar.

ostión v. hostión.

ostra *aburrirse como una ostra* fr. Aburrirse mucho.

¡ostras! interj. eufem. ¡Hostias!

otorrino m. Otorrinolaringólogo.

ovarios *estar hasta los ovarios* fr. Estar hasta la coronilla, estar harta. // *salirle de los ovarios* fr. Darle la gana, querer.

P

pachá m. Persona que se da buena vida.

padre adj. Muy grande, enorme, colosal. // m. Homosexual activo. // (mil.) Soldado que ya ha hecho aproximadamente la mitad de la mili. // *¡me cago en tu padre!* Expresión muy injuriosa. // *¡mi padre!* Exclamación de admiración, asombro o sorpresa. // *ser más feo que pegarle a un padre* fr. Ser muy feo. // *¡su padre!* Exclamación de irritación o enojo; asombro, admiración o sorpresa. // *¡tu padre!* Exclamación de irritación o enojo.

paganini m. Pagano, el que paga los gastos.

página *currarse la página* fr. (marg.) Simular, fingir, enrollarse para conseguir algo.

paja f. Masturbación. // *hacerse pajas mentales* fr. Darle demasiadas vueltas a un asunto, no aclararse las ideas. // *hacerse una paja* fr. Masturbarse. // *matarse a pajas* fr. Masturbarse en exceso.

pájara f. (cicl.) Desfallecimiento súbito que impide a un ciclista proseguir la carrera.

pajarito m. Picha del niño.

pájaro m. Picha. // *asarse* o *cocerse los pájaros* fr. Hacer mucho calor. // *quedarse como un pájaro* fr. Morirse apaciblemente, sin sufrimiento. // *tener pájaros en la cabeza* fr. Tener poco juicio.

pajarraca f. (marg.) Follón, jaleo, bronca.

pajero, ra m. y f. Pajillero.

pajillero, ra m. y f. El que masturba o se masturba. // *pajillera* f. Puta de baja categoría.

pajolero, ra adj. (Ac.) Despreciable y molesto. // Pícaro, gracioso, travieso.

pajote m. Paja, masturbación.

pala v. punta.

palabro m. Palabrota; palabra rara o altisonante; barbarismo.

palanganero m. Empleado de prostíbulo al servicio de los clientes.

palanquetazo m. (marg.) Robo con palanqueta.

palco m. (marg.) Balcón.

palillo m. Persona muy delgada. // (tor.) Banderilla.

palitroque m. (tor.) Banderilla.

paliza *dar la paliza* fr. Soltar un rollo, ponerse pesado, insistir machaconamente. // *darse la paliza* fr. Hacer algo con gran esfuerzo y ahínco. // *palizas* com. Pelma, pesado.

palma f. (marg.) Pasma, policía.

palmar intr. (Ac.) Morir. // Perder en el juego. // *palmarla* fr. Morirse.

palmas de tango Palmadas rítmicas de protesta.

palo m. Picha. // Cópula sexual, polvo. // (marg.) Especialidad delictiva. // (fút.) Cualquiera de los maderos que forman la portería. // (tor.) Banderilla y garrocha de picador. // *dar* o *pegar un palo* fr. (marg.) Cometer un robo o atraco. // (marg.) Engañar, estafar, hacer una mala pasada. // *detener bajo los palos* fr. (fút.) Detener el portero la pelota estando bien situado en la portería. // *echar el palo* o *un palo* fr. Joder. // *estar hecho un palo* fr. Estar muy delgado. // *palo y tentetieso.* Expresión que recomienda severidad en el trato con alguien.

palomar m. (marg.) Lugar de la cárcel destinado a los homosexuales.

palquista m. (marg.) Ladrón que se introduce por ventanas o balcones para robar.

pampinflar *¡me la pampinflas!* Frase que expresa desprecio, indiferencia o superioridad respecto de alguien.

pancho, cha adj. Tranquilo, despreocupado, satisfecho.

pandero m. Culo, trasero.

pánico *de pánico* loc. Tremen-do, enorme, extraordinario. // Estupendo, muy bueno. // m. adv. Muy bien, estupendamente. // *estar de pánico* fr. Tener muy buen tipo una mujer, estar muy buena.

panocha f. Dinero. // com. Pelirrojo.

panoja f. Dinero.

pantalones *bajarse los pantalones* fr. Ceder en condiciones deshonrosas.

pantalla *hacer la pantalla* fr. (fút.) Cubrir con el cuerpo al propio portero para que pueda recoger la pelota sin sufrir el acoso de los jugadores.

panteras *mandar a parir panteras* fr. Rechazar a alguien con enfado o desprecio. // *¡vete a parir panteras!* Frase de rechazo o desprecio.

pantorras f. pl. Pantorrillas, especialmente las que son gruesas.

pañí *dar la pañí* fr. (marg.) Avisar de un peligro, poner en guardia.

papa *ni papa* m. adv. Absolutamente nada.

papalina f. (Ac.) Borrachera.

paparse prnl. Recibir repentinamente algún daño o perjuicio.

papear intr. Comer.

papel m. Billetaje de un espectáculo. // *los papeles.* Los periódicos, la prensa. // La documentación.

papela f. (marg.) Documentación; carnet de identidad.

papelamen m. Conjunto de impresos o documentos.

papeo m. Comida.

papilla *estar hecho papilla* fr. Estar muy cansado o abatido. // *hacer papilla a alguien* fr. Causarle un grave daño físico o moral.

pápira f. (marg.) Carta.

pápiro m. (Ac.) Billete, especialmente el de mil.

papo m. Coño.

papuchi m. Papá (en lenguaje cursi, afectado o mimoso).

paquete m. Persona torpe en su profesión, maleta. // Embarazo, preñez. // Genitales masculinos. // Enfermedad venérea. // Trabajo pesado, fastidioso. // Sanción. // (dep.) Pelotón ciclista. // *dejar con el paquete* a una fr. Dejar preñada. // *hacer un paquete* fr. Embarazar, preñar. // *marcar paquete* fr. Resaltar los genitales el hombre con ropas muy ajustadas. // *meter un paquete* fr. (mil.) Sancionar, imponer un castigo; arrestar. // *soltar el paquete* fr. Parir.

par *con un par de huevos, de cojones o de pelotas* loc. Con valentía, decisión, coraje, etc. // *de mil pares de bigotes, de mil pares de cojones o de tres pares de cojones* loc. Enorme, tremendo, impresionante; estupendo, muy bueno, de categoría. // *importar tres pares de cojones* fr. No importar, tener sin cuidado. // *tener un par de huevos, de cojones o de pelotas* fr. Tener valor.

paraca m. (mil.) Paracaidista.

paraguas m. Preservativo.

parajoda f. Paradoja.

parajódico, ca adj. Paradójico.

paralís m. Parálisis; ataque de parálisis.

parchear tr. (Ac.) Magrear.

pared *hacer la pared* fr. (dep.) Obstaculizar con el cuerpo a un jugador del equipo contrario para que el compañero que lleva la pelota pueda avanzar libremente. // (fút.) Ir corriendo con el balón y superar a un adversario pasando la pelota a uno del propio equipo que se la devuelve adelantada e inmediatamente. // *subirse por las paredes* fr. Enfurecerse.

paredón m. Lugar donde se ejecuta por fusilamiento.

pareja *la pareja*. Pareja de la Guardia Civil.

parida f. Tontería, sandez, necedad. // *parida mental*. Sandez, necedad que uno piensa.

parido, da *bien parido* o *parida*. Dicho de una persona, guapa, atractiva.

parir *parirla* fr. Meter la pata, hacer o decir algo inoportuno o desacertado.

parlao *echar un parlao* fr. Charlar, conversar.

parné m. (Ac.) Dinero.

parpichuela f. Masturbación. // *hacerse una parpichuela* fr. Masturbarse.

partirse prnl. Desternillarse de risa.

pasada f. (pas.) Acción inmoderada, exceso, exageración.

pasado, da m. y f. Pasota. // *estar pasado* fr. (dro.) Estar bajo los efectos de una dosis excesiva de droga.

pasapiri m. (marg.) Pasaporte.

pasaporte *dar el pasaporte* fr. Matar, asesinar. // Despedir del trabajo.

pasar intr. (pas.) Tener sin cuidado, resultar indiferente, no interesar, desentenderse, abstenerse. // tr. (dro.) Vender; trapichear. // *pasar de todo* fr. (pas.) No preocuparse seriamente por nada, resultar todo indiferente, mantener una actitud escéptica. // *pasarlo bomba* v. bomba. // *pasarse* prnl. (pas.) Excederse en lo que uno hace o dice. // *¿passa contigo?* fr. (pas.) ¿Qué hay?, ¿qué pasa?, ¿qué quieres?, etc.

pascua *hacer la pascua* fr. Fastidiar, molestar, perjudicar.

paseo *dar el paseo* fr. Durante la guerra civil española, detener a un individuo y conducirlo a la afueras de la población para asesinarlo.

pasma f. (marg.) Policía. // m. (marg.) Individuo de la policía. // *pasma ful* m. (marg.) Individuo que se hace pasar por policía.

paso del ecuador (uni.) Paso por la mitad de carrera que se celebra con fiestas, viajes, etc.

pasota com. Individuo más o menos ácrata que rechaza los pilares de la sociedad establecida: familia, política, religión tradicional, costumbres burguesas, cultura oficial, trabajo alienante, etc. Suele vestir de modo anticonvencional, emplea un argot peculiar y tiene afición por la droga, el sexo, la música, los viajes y en algunos casos por las manifestaciones contraculturales. Reivindica el derecho a vivir como quiere y no como la sociedad le impone. // adj. Perteneciente o relativo a los pasotas.

pasotismo m. Fenómeno sociocultural generado por los pasotas.

pasta f. Dinero. // *aflojar, sacudir* o *soltar la pasta* fr. Pagar, apoquinar. // *pasta gansa.* Dinero abundante, en especial el que se gana con facilidad. // *una pasta.* Mucho dinero.

pastilla *a toda pastilla* m. adv. A toda velocidad. // A toda potencia. // *la pastilla.* Anovulatorio oral.

pastizara f. (marg.) Dinero.

pastón *un pastón.* Mucho dinero.

pastos *los pastos* (marg.) Juego de apuestas callejero con tres cubiletes o medias cáscaras de nuez y una bolita, que consiste en adivinar bajo cuál de ellos o ellas está la bolita, tras una serie de hábiles manipulaciones y trampas.

pata *estar más liado que la pata de un romano* fr. Estar un asunto muy embrollado o confuso. // *tener más patas que un saco de arañas* fr. Tener las piernas muy largas.

patada *caer* o *sentar como una patada en los cojones* fr. Caer o sentar muy mal, desagradar profundamente. // *dar cien* *patadas (en la barriga)* fr. Fastidiar, molestar, desagradar enormemente. // *dar la patada* fr. Despedir a alguien del trabajo; echar de malos modos de un lugar. // *dar una patada en el culo* fr. Dar la patada, despedir a alguien. // *echar a patadas* fr. Echar violentamente de un lugar, despedir de malos modos. // *en dos patadas* m. adv. Con facilidad, sin esfuerzo, en un santiamén.

patamen m. Piernas.

patata *ni patata* m. adv. Absolutamente nada. // *ser una patata* fr. Ser malo, carecer de cualidades.

patearse prnl. Dilapidar, despilfarrar.

páter m. (mil.) Capellán castrense.

patilla *tener patilla* fr. Tener desfachatez, frescura, cinismo.

patio ¡*cómo está el patio!* Frase para expresar situación confusa, mala o sorprendente.

patito *los dos patitos.* El número veintidós.

pato *el pato.* Tortura que consiste en esposar las manos bajo las rodillas y hacer andar en esta posición.

pava f. Colilla.

pavo m. Duro, moneda de cinco pesetas. // (marg.) Primo, víctima de un robo o estafa.

payo, ya m. y f. Para los gitanos, persona que no es de su raza.

peana f. Pie.

pecé com. Miembro del Partido Comunista Español.

pecero, ra s. y adj. Miembro del Partido Comunista Español.

pechuga f. Tetas.

pechugona adj. y f. Mujer de tetas grandes y prominentes.

pedal m. Borrachera.

pedo m. Borrachera. // (dro.) Estado similar producido por alguna droga.

pegado, da *estar pegado* fr. Estar pez, carecer totalmente de conocimientos sobre algo. // *quedarse pegado* fr. Quedarse asombrado, sorprendido, sin saber qué hacer ni qué decir.

pegar *pegarle a…* fr. Practicar asiduamente una costumbre o afición. // *pegársela* fr. Ser infiel un cónyuge al otro. // Sufrir un accidente violento.

pegote *tirarse pegotes* fr. Echarse faroles, exagerar.

peine ¡*te vas a enterar de lo que vale un peine!* Frase con la que se amenaza a alguien de que va a recibir su merecido.

pela f. Peseta. // pl. Dinero. // *cambiar la pela* fr. Vomitar. // *pela larga.* Dinero en abundancia.

pelandusca f. (Ac.) Puta.

pelar tr. Dejar a alguien sin dinero en el juego. // Matar. // *pelársela* fr. Masturbarse el hombre.

pelayo m. Niño que estaba encuadrado en la sección infantil del requeté o partido tradicionalista.

pelendengues v. perendengues.

pelés m. pl. (marg.) Cojones.

películas *¡allá películas!* Frase con la que uno se desentiende de algo. // *de película* loc. Estupendo, asombroso, extraordinario, increíble. // Muy bonito.

pelímetro *un pelímetro.* Un poquito.

pelo *a pelo* loc. Desnudo. // *caérsele el pelo* fr. Recibir una reprimenda, sanción o castigo. // *hacer a pelo y a pluma* fr. Ser bisexual. // *joder a pelo* fr. Joder sin preservativo.

pelona *la pelona.* La muerte.

pelota f. Cabeza. // Chanchullo para obtener un préstamo bancario que consiste en poner en circulación una letra de cambio el librador, en complicidad con el librado, sin que obedezca a una operación comercial entre ambos. // s. y adj. Adulón. // *en pelota, en pelota brava, en pelota picada* o *en pelota viva* loc. En cueros, desnudo. // *hacer la pelota* fr. Adular interesadamente. // *pelotas* f. pl. Cojones. // *coger en pelotas* v. pillar en pelotas. // *con un par de pelotas* v. par. // *dejar en pelotas* fr. Desnudar. // Dejar sin dinero, especialmente en el juego. // *de pelotas* loc. Estupendo, muy bueno; tremendo, impresionante; muy grande, muy intenso. // m. adv. Estupendamente. // *en pelotas* loc. En cueros, desnudo. // *pillar en pelotas* fr. Pillar desprevenido sin conocimientos o preparación en algo. // *por pelo-tas* m. adv. A la fuerza, obligatoriamente, porque sí. // Inexcusablemente, irremisiblemente, sin vuelta de hoja. // *salirle de las pelotas* fr. Querer, darle a uno la gana. // *tener pelotas* fr. Tener valor, coraje, audacia, autoridad, energía, etc. // *tocar las pelotas* fr. Fastidiar, importunar.

pelotamen m. Los dos cojones.

pelotazo m. Copa de licor. // (dro.) Efecto o impresión súbita producido por algunas drogas.

pelote m. (marg.) Duro.

pelotilla adj. Pelotillero, adulón. // *hacer pelotillas* fr. Hacer bolitas de moco con los dedos.

pelotudo, da adj. Cojonudo.

peluco m. (marg.) Reloj.

peluquín *ni hablar del peluquín.* Expresión para rehusar o rechazar lo que alguien afirma o pretende.

peluso m. (mil.) Recluta.

pelleja f. (Ac.) Puta. // (marg.) Cartera.

pellejo m. Puta, especialmente la de baja categoría. // Libertino, mujeriego.

pena *¡otra pena pa mi coño!* Frase de indiferencia o desdén.

penalty *casarse de penalty* fr. Casarse por quedar embarazada la mujer.

pendeja f. Pendón.

pendejada f. Estupidez.

pendejo m. (Ac.) Pendón.

pendón m. (Ac.) Mujer de vida licenciosa.

penede m. Personal no docente de instituto o universidad.

penene com. Profesor no numerario de instituto o universidad.

penúltima *la penúltima.* Ultima copa que se toma antes de separarse de los amigos.

pepe m. Coño. // *ponerse como un Pepe* fr. Hartarse, saciarse, pasarlo muy bien. // *puntual como un Pepe* fr. Muy puntual. // *ver menos que Pepe Leches* fr. Ser muy miope.

pepinazo m. (fút.) Chut potente.

pepino m. Picha. // *dar por donde amargan los pepinos* fr. Dar por el culo. // *importar un pepino* fr. No importar, tener sin cuidado.

pepita f. Clítoris.

pepitilla f. Clítoris.

pepito m. Bocadillo de carne.

peque m. Niño pequeño.

pera f. Picha. // Masturbación masculina. // m. (marg.) Perista, comprador de objetos robados. // *hacerse la pera* o *una pera* fr. Masturbarse el hombre. // *niño pera* v. niño. // *ser la pera* fr. Ser el colmo, el no va más, lo insólito e inaudito. // *tocarse la pera* fr. Holgazanear.

percal m. Dinero. // *conocer el percal* fr. Conocer las personas de las que se habla o el asunto del que se trata.

percebe m. Tonto, ignorante.

percha f. Figura, tipo.

perder *¡piérdete!* fr. ¡Lárgate!

perendengues m. pl. Cojones. // (Ac.) Complicaciones. // // Categoría, importancia. // Valor, coraje, bríos, audacia, etcétera. // *¡tiene perendengues la cosa!* Expresión que indica algo inaudito, paradójico, injusto o abusivo.

perfumado m. Carajillo.

perica f. (marg.) Mujer. // (marg.) Puta.

perico m. Puta. // (dro.) Cocaína.

peripatética f. Puta callejera.

periquito m. (dro.) Cocaína. // (fút.) Hincha del Español.

periscopio m. Picha.

perra *estar sin una perra* o *no tener una perra* fr. Estar sin blanca, no tener nada de dinero. // *hacer un frío que se mea* o *que se caga la perra* v. frío. // *¡para ti la perra gorda!* Frase con la que se da por zanjada una discusión a favor de quien se muestra intransigente en sus argumentos.

perrera f. Prevención, lugar donde se cumplen arrestos menores.

perrito *que cada perrito se lama su cipotito.* Frase proverbial que aconseja ocuparse cada uno de sus propios asuntos o problemas.

perro, rra adj. y s. Vil, despreciable; vago, gandul; servil. // m. Policía. // *echarle los perros a alguien* fr. Abroncarle, reprenderle severamente.

persiana f. Combinado de menta con ginebra.

personal *el personal.* La gente.

pesca ...*y toda la pesca* loc. Y todo lo que es de suponer, y lo consabido, y el resto.

peseta *cambiar la peseta* fr. Vomitar.

pesetero, ra adj. Muy interesado por el dinero, materialista. // *pesetera* f. Puta de baja categoría.

pestaña *jugarse las pestañas* fr. Enviciarse en el juego. // *quemarse las pestañas* fr. Estudiar mucho, especialmente por la noche. // *tener pestaña* fr. Tener vista, ser sagaz.

pestañí *la pestañí* (marg.) La policía.

pestiño m. Rollo, persona o cosa pesada, latosa, aburrida.

peta m. (dro.) Porro. // (marg.) Nombre. // (marg.) Documentación. // *peta chungo* o *peta ful* (marg.) Nombre falso. // (marg.) Documentación falsa.

petaca *hacer la petaca* fr. Broma que consiste en doblar la sábana superior de la cama de forma que no se puedan estirar las piernas al entrar en ella.

petardo m. (dro.) Porro. // Malo, sin las cualidades que debe tener. // Feo. // Aburrido.

petrolillos m. pl. Acciones bursátiles de la CAMPSA.

pezuña f. Pie de persona.

piano *agarrar* o *pillar una mierda como un piano* fr. Pillar una gran borrachera. // *tocar el piano* fr. Fregar los platos. // (marg.) Registrar las huellas digitales en la ficha policial.

piante s. y adj. Protestón.

piar intr. (marg.) Hablar. // *piarlas* fr. Protestar o quejarse por hábito, sin causa justificada.

piastra f. Peseta.

piba f. Chavala, tía.

pica m. Revisor de un transporte público.

picadero m. Vivienda que se destina a mantener relaciones sexuales con los ligues.

picana f. Tortura que consiste en aplicar electrodos en alguna parte del cuerpo.

picantes m. pl. (marg.) Calcetines.

picapica m. Revisor de un transporte público.

picar tr. Matar. // (marg.) Robar, especialmente la cartera. // *picarse* abs. (dro.) Inyectarse heroína u otra droga. // *picarse* prnl. Poseer sexualmente, joder.

picardía m. Conjunto de camisón corto y bragas.

pico m. (dro.) Inyección de heroína u otra droga en la vena. // *darse el pico* fr. Besarse. // Entenderse muy bien dos personas. // *los picos* m. pl. (marg.) La Guardia Civil.

picoleto m. (marg.) Guardia civil.

picón m. (marg.) Piojo.

picor *sentir picor en los huevos* fr. Sentir deseo sexual el hombre.

picota f. Nariz.

piculina f. Puta.

picha f. Miembro viril, pene. // *hacerse la picha un lío* fr. Hacerse un lío, embrollarse. // *venir como picha al culo* fr. Venir como anillo al dedo, resultar una cosa oportuna o conforme con lo deseado. // *ver menos que una picha con flequillo* fr. Ser muy miope.

pichabrava m. Hombre jodedor.

pichafría m. Hombre frío, insensible al sexo. // Hombre indolente, tranquilo.

pichi m. Apelativo.

pichina f. Picha del niño.

pichote *ser más tonto que Pichote* fr. Ser muy tonto o cándido.

pichulina f. Picha del niño.

pie *levantarse con el pie izquierdo* fr. Tener un día de mala fortuna. // *salir con los pies por delante* fr. Llevar a alguien a enterrar. // *ser más difícil que cagar de pie* v. cagar.

piedra f. (dro.) Trozo de hachís. // *no ser de piedra* fr. No ser insensible a los estímulos sexuales. // *pasarse por la piedra* fr. Poseer sexualmente, joder. // Perjudicar gravemente.

pienso m. Comida.

pierna *abrirse de piernas* fr. Acceder una mujer a la cópula sexual. // *pasarse por debajo de la pierna.* Frase que expresa indiferencia, desprecio o superioridad. // *piernas* m. sing. Pelanas, pelagatos, hombre insignificante. // *pierna*

tonta (fút.) La que un jugador no utiliza habitualmente.

pifiarla fr. Hacer una pifia, cometer un fallo.

pija f. Picha, miembro viril.

pijada f. (Ac.) Estupidez. // (Ac.) Menudencia molesta.

pijama m. Combinado de helados. // *pijama de madera* m. Ataúd. // *pijama party.* Reunión donde se practican juegos eróticos.

pijar tr. Joder.

piji com. Pijo.

pijín, na m. y f. Pijo.

pijirili com. Pijo.

pijo, ja adj. y s. Individuo esnob, afectado y superficial, por lo general de extracción burguesa. // *pijo* m. Picha. // *salirle del pijo* a alguien fr. Querer, darle a uno la gana.

pijotada f. Pijada.

pijote m. Picha.

pijotero, ra adj. (Ac.) Fastidioso, incordiante.

píldora *la píldora.* Anovulatorio oral.

pilila f. (inf.) Picha.

pilón m. Coño. // *bajarse al pilón* fr. Realizar el cunnilinguo.

pilonada f. Cunnilinguo.

pilonero adj. Aficionado al cunnilinguo.

piltra f. (Ac.) Cama.

pillar tr. (pas.) Comprar.

pimiento *importar un pimiento* fr. No importar, tener sin cuidado, resultar indiferente. // *no valer un pimiento* fr. No tener ningún valor.

pincha m. Pinchadiscos.

pinchadiscos m. Disc-jockey.

pinchar tr. Joder el hombre. // (marg.) Clavar la navaja. // intr. No obtener el resultado esperado. // *pincharse* prnl. (dro.) Inyectarse.

pinchazo m. (dro.) Inyección de heroína u otra droga.

pinchito m. Tapa de aperitivo pinchada en un palillo.

pincho m. Tapa de aperitivo pinchada en un palillo. // Picha. // (marg.) Navaja.

pinchota com. (dro.) El que se inyecta asiduamente.

pindongueo m. Callejeo.

pingo m. (Ac.) Mujer despreciable.

pingonear intr. Callejear.

pink floyd m. (dro.) Variedad de LSD.

pino *el quinto pino*. Lugar muy distante o apartado.

pinreles m. pl. (marg. Ac.) Pies.

pintada f. Sigla, palabra o frase de contenido político o social escrita en la pared de un lugar público.

pintores m. pl. Vallisoletanos. // *tener los pintores* fr. Tener la menstruación.

piñata f. (marg.) Dentadura.

piños m. pl. (marg. Ac.) Dientes.

piojo verde m. Guardia civil de tráfico.

pipa f. (marg.) Pistola. // (marg.) Mirón, vigilante. // Clítoris. // En el argot de los conjuntos rockeros, el que se dedica a transportar el material del escenario al transporte y viceversa. // *estar pipa* fr. Tener buen tipo una persona, estar buena. // *no tener ni pa pipas* fr. Tener muy poco dinero o no tener nada. // *pasarlo pipa* fr. Disfrutar.

pipi m. (mil.) Quinto, recluta. // Novato, inexperto.

pipí m. (inf.) Picha. // *hacer pipí* fr. (inf.) Mear. // *hacer pipí en la oreja* fr. Superar abiertamente a alguien.

pipudo, da adj. Magnífico.

piquero m. (marg.) Carterista.

pira(d)o, da *estar pirado* fr. (pas.) Estar loco o chiflado; vivir fuera de la realidad. // (dro.) Estar flipado o drogado.

pirámide f. (dro.) Variedad de LSD.

pirarse prnl. (Ac.) Marcharse, largarse. // *pirárselas* fr. (Ac.) Pirarse.

pirata m. Taxista que frecuenta estaciones y aeropuertos en busca de pasajeros a los que poder cobrar más de la cuenta.

piri m. (marg.) Rancho; cocido.

piripi *estar piripi* fr. Estar bebido o borracho.

piro *darse el piro* fr. Pirarse.

pirula f. (inf.) Picha. // Jugarreta, engaño, timo.

pirulí m. (inf.) Picha. // Lucecilla piloto de los taxis para indicar si están libres.

pis *hacer pis* fr. (inf.) Mear.

piso *desgastar el piso* o *el pisito* fr. En lenguaje achulado, bailar. // *estar mal del quinto piso* fr. Estar loco o chiflado.

pispar tr. (marg.) Robar, hurtar.

pista de aterrizaje f. Calva.

pisti f. (inf.) Pistola.

pistola f. Picha.

pistolo m. (mil.) Soldado.

pistón *de pistón* loc. Estupendo, formidable. // m. adv. Estupendamente.

pitar intr. Funcionar, marchar bien; dar algo o alguien el resultado apetecido. // tr. (dep.) Arbitrar un partido. // *irse, marcharse* o *salir pitando* fr. Marchar o salir rápida y precipitadamente.

pito m. Picha. // Punto único en una de las dos mitades de algunas fichas del dominó. // *afilar un pito* fr. (med.) Operar de fimosis. // *importar un pito* fr. No importar, tener sin cuidado. // *tocarse el pito* fr. Holgazanear, estar sin hacer nada. // *tomar por el pito del sereno* fr. Tener en poca o ninguna consideración a una persona.

pitones m. pl. Tetas prominentes y puntiagudas.

pitopausia f. Disminución de la capacidad sexual en el hombre a causa de la edad.

pitote m. Jaleo, follón.

pizarrín m. Picha. // *mojar el pizarrín* fr. Joder el hombre.

plajo m. (marg.) Cigarrillo.

plan m. Relación amistoso-sexual pasajera. // Persona con la que se mantiene este tipo de relación.

plancha f. (fút.) Jugada antideportiva que consiste en inmovilizar el balón con la planta de la bota en el momento en que va a chutar un jugador contrario.

planchazo m. (fút.) Plancha.

plano, na m. y f. (marg.) Hermano, hermana.

plantar tr. (marg.) Enterrar.

plas, sa m. y f. (marg.) Hermano, hermana.

plasta f. Excremento blando y plano. // m. (marg.) Individuo de la policía. // com. Persona pesada y aburrida, plomo, palizas.

plástico m. En el argot musical, disco. // *de plástico.* Falso, no auténtico. // *pinchar un plástico* fr. Poner un disco.

plastificar tr. En el argot musical, grabar un disco.

plátano m. Picha.

plato *pagar los platos rotos* fr. Cargar con culpas·ajenas. // *ser más serio que un plato de habas* fr. Ser muy serio.

plin *¡a mí, plin!* fr. Me tiene sin cuidado, no me importa lo más mínimo, me resulta indiferente.

plomífero, ra adj. Plomo, pesado, aburrido.

pluma f. Peseta. // Picha. // Homosexual masculino. // *tener pluma* fr. Ser muy notorio el afeminamiento.

plumífero, ra m. y f. Escritor.

pocholada f. Cosa bonita.

pocholo, la adj. Guapo, bonito, gracioso. // Apelativo cariñoso.

póker *ligar un póker* fr. Gustar, irle a uno, resultar agradable o interesante.

polaco, ca s. y adj. Catalán.

polca f. Bronca, jaleo, follón.

poli f. Policía. // m. Individuo de la policía.

poli-mili m. Miembro de ETA (rama político-militar).

polizonte m. (Ac.) Policía.

polvata m. (pas.) Polvo, cópula sexual.

polvazo aum. de polvo.

polvete m. Polvo, cópula sexual. // *echar un polvete* fr. Joder. // *sábado, sabadete, camisa limpia y polvete.* Refrán que alude a la costumbre popular de ir de putas en sábado.

polvo m. Cópula sexual. // (dro.) Cocaína. // *echar o meter un polvo* fr. Joder. // *estar para un polvo* fr. Tener mucho atractivo sexual. // *polvo salvaje.* Cópula sexual agresiva. // *¡qué polvo tiene!* fr. Se dice de la persona sexualmente atractiva. // *¡si te meto un polvo salvaje, te sale un hijo vikingo!* Piropo en plan basto.

polvorosa f. (marg.) Carretera.

polla f. Picha. // *hacer* una cosa *con la polla* fr. Resultar una cosa muy fácil de hacer. // *la quinta polla.* Lugar muy distante o apartado. // *más tieso que polla de novio* fr. Muy tieso. // *¡me suda la polla!* Frase que expresa desprecio o indiferencia. // *¡pollas en vinagre!* Expresión de enojo que indica negación, rechazo o disconformidad. // *¡qué... ni qué pollas!* Fórmula de rechazo o negación respecto a lo que alguien acaba de afirmar. // *salirle de la polla* a alguien fr. Querer, darle a uno la gana. // *tener la polla lisa* fr. Tener buena suerte. // *¡una polla!, ¡una polla como una olla!* o *¡y una polla!* Forma despectiva de negación, rechazo o disconformidad.

pollaboba m. Bobo, estúpido.

pollalisa m. Individuo afortunado.

pollo m. Gargajo. // *pollo pera.* Joven presuntuoso e insustancial.

pompis m. (inf.) Culo.

poner *poner a parir* a alguien fr. Criticar duramente, reprender con acritud, insultar. // *poner* alguien *a parir* fr. Exasperar, sacar de quicio. // *poner fumando* fr. En lenguaje achulado, proporcionar tabaco y fuego. // *ponerse a gusto* fr. (pas.) Drogarse. // *ponerse a parir* fr. Irritarse, enfurecerse, exasperarse.

popa f. Culo.

pope m. Elemento que le gusta destacar en un partido o sindicato.

popero, ra adj. Referente a la música pop.

popó m. (inf.) Culo.

porculizar tr. Dar por el culo, sodomizar.

porra f. Picha. // *de la porra.* Expresión despectiva referida a una persona o cosa. // *...*

\iar a la porra v. mandar a la porra. // irse a la porra fr. Malograrse, estropearse, tener mal fin. // mandar a la porra fr. Rechazar a una persona con enojo o desprecio. // ¡qué... ni qué porras! Frase de rechazo o negación respecto a lo que alguien acaba de manifestar. // ¡qué porras! Expresión que indica decisión, o con la que se refuerza lo que se acaba de manifestar. // ¡una porra! Forma despectiva de negación, rechazo o disconformidad. // ¡vete a la porra! Frase de rechazo o desprecio.

porrete m. (dro.) Porro.

porro m. Cigarrillo de hachís o marihuana mezclado con tabaco generalmente rubio. // darle o pegarle al porro fr. Ser fumador asiduo de porros. // matar el porro fr. Terminarlo. // porro trompetero. Porro en forma cónica.

porrón un porrón loc. Mucho.

poste m. (dep.) En el baloncesto, jugador encargado de recoger el mayor número posible de rebotes.

posteridad la posteridad. El culo.

postura f. (dro.) Cantidad de hachís que ofrece el vendedor por una determinada cantidad de dinero. // (dro.) Mil pesetas de hachís. // postura del misionero. Postura tradicional de cópula en la que la pareja está cara a cara y el hombre sobre la mujer.

potable adj. Bueno, aceptable.

potra f. (Ac.) Suerte.

potrero, ra adj. Afortunado, con buena suerte.

prenda f. Apelativo cariñoso.

preve f. Prevención, lugar donde se cumplen arrestos menores.

primavera m. Primo, incauto.

prime adj. (inf.) Primero.

primero m. (mil.) Cabo primero.

primo, ma m. y f. (Ac.) Persona que se deja engañar fácilmente.

pringao m. (marg.) Víctima de un robo, hurto, estafa o timo.

pringar intr. Trabajar, en especial duramente. // Morir. // Perder en el juego. // pringarla fr. Hacer o decir algo inoportuno o desacertado. // Malograr, echar a perder un asunto. // Morir. // Contraer una enfermedad venérea.

priva la priva. La bebida.

priva(d)o, da adj. Borracho.

privar intr. Beber. // privarse prnl. Emborracharse.

prive el prive. La bebida.

progre com. Individuo de ideas progresistas, especialmente en el terreno político, con un sistema de vida más o menos anticonvencional y consecuente con su forma de pensar. // adj. Progresista.

progresía f. Los progres.

prójima f. Esposa. // (Ac.) Mujer de vida licenciosa.

prote la prote (marg.) Tribunal Tutelar de la Protección de Menores. // Cada uno de los establecimientos que dependen de esta institución.

protegida f. Prostituta respecto a su chulo.

psuquero, ra s. y adj. Miembro del PSUC, partido de los comunistas catalanes.

púa f. Peseta.

pucelano, na adj. y s. Vallisoletano.

puchar tr. (marg.) Hablar.

púcher m. (dro.) Mayorista de droga que suministra a los camellos o minoristas.

puente *hacer el puente* fr. (marg.) Establecer contacto eléctrico en un coche, sin llave, para ponerlo en marcha.

puercada f. Acción indecente.

puesto, ta *estar puesto* fr. Estar capacitado. // *ir* o *estar puesto* fr. Ir elegante.

pulgas *buscar las pulgas* a alguien fr. Provocar, molestar, impacientar.

pulguero m. Cama.

pulpo *más despistado que un pulpo en un garaje* fr. Muy despistado.

pum *ni pum* o *ni pun* m. adv. Absolutamente nada.

punta *a punta pala* loc. En abundancia, en cantidad.

punto m. Individuo, tipo, sujeto; tunante, pájaro de cuenta, persona que es poco de fiar. // *estar* o *ponerse en el punto* fr. Dedicarse a la prostitución. // *punto filipino*. Tunante, pájaro de cuenta, persona que es poco de fiar. // *puntos* pl. Plus familiar.

puñalada trapera. Herida o desgarrón grande producido con arma blanca. // Jugarreta, mala pasada, acción traicionera.

puñeta adj. y s. Persona o cosa molesta, enojosa, desagradable. // *puñetas* pl. Bobadas, tonterías, historias, cuentos; pejigueras, chinchorrerías; miramientos, complicaciones; manías, rarezas. // *de la puñeta.* Expresión de desprecio o desagrado. // *de puñetas* loc. Enorme, tremendo, extraordinario. // *hacer la puñeta* fr. Fastidiar, molestar, perjudicar. // *hacerse la puñeta* fr. Masturbarse el hombre. // *importar una puñeta* fr. No importar, tener sin cuidado, resultar indiferente. // *enviar a hacer puñetas* v. mandar a hacer puñetas. // *irse algo a hacer puñetas* fr. Malograrse, irse al traste, tener mal fin un asunto, estropearse una cosa. // *la quinta puñeta.* Lugar muy distante o apartado. // *mandar a hacer* o *a freír puñetas.* Frase para rechazar a alguien con enfado o desprecio. // *más... que la puñeta.* Término de comparación. // *ni... ni puñetas.* Fórmula de negación. // *¡puñeta!* Interjección de enojo, enfado, indignación; fastidio, disgusto, contrariedad; sorpresa, extrañeza. Frecuentemente se utiliza como muletilla conversacional. // *¡qué... ni qué puñeta(s)!* Fórmula de rechazo o negación respecto de lo que alguien acaba de manifestar. // ¡qué puñeta(s)! Expresión que indica decisión o con la que se refuerza lo que se acaba de manifestar. // ¡qué puñetas...! o ¿qué puñetas...? Introduce frases que expresan malhumor, enojo, extrañeza, duda, indiferencia, etc. // ser la puñeta fr. Ser el colmo, el no va más, lo insólito e inaudito. // ser una puñeta fr. Ser una cosa fastidiosa, molesta, engorrosa. // ¡vete a hacer puñetas! Frase de rechazo y desprecio. // ...y toda la puñeta loc. Y todo lo que es de suponer, y lo consabido, y el resto, y todo lo demás.

puñetería f. Cosa de poca monta o importancia, bagatela, menudencia, insignificancia. // Impertinencia, incomodidad, molestia.

puñetero, ra adj. Maldito, miserable, despreciable, fastidioso. // Ruin, malintencionado. // Fastidioso, incordiante, chinchoso; quisquilloso. // Molesto, pesado, difícil, complicado. // Astuto; pícaro, gracioso, travieso.

puñetita f. Cosa de poca monta o importancia, bagatela, menudencia, insignificancia. // Pejiguera, tontería, molestia.

Pupas *ser más desgraciado que el Pupas* fr. Ser muy desgraciado, tener muy mala suerte.

pupila f. (Ac.) Puta que trabaja en un prostíbulo. // *tener pupila* fr. Tener ojo, atención; perspicacia, ingenio.

pupilo m. (dep.) Jugador respecto a su entrenador.

puré *estar hecho puré* fr. Estar muy cansado o abatido. // *hacer puré* fr. Causar un grave daño físico o moral.

pureta com. (marg.) Persona vieja. // Carca, reaccionario, conservador.

purgaciones f. pl. Blenorragia. // *purgaciones de garabatillo*. Blenorragia rebelde al tratamiento.

purili com. (marg.) Persona vieja.

puro m. Sanción. // *meter un puro* fr. (mil.) Sancionar, imponer un castigo; arrestar.

pusca f. (marg.) Pistola.

puta v. puto. // f. (Ac.) Prostituta. // adj. y f. Por ext., mujer fácil. // f. Sota de la baraja. // m. Cuco, astuto, taimado. // *cagarse en su puta madre* fr. Agraviar o injuriar a alguien. // *como puta por rastrojo* loc. En mala situación, muy fastidiado. // *como putas en cuaresma* loc. Sin dinero ni trabajo. // *de puta madre* v. madre. // *ir de putas* fr. Ir en busca de puta. // ¡*la puta!*, ¡*la puta de bastos!*, ¡*la puta de oros!* o ¡*la puta que te parió!* Expresiones de enojo, enfado, indignación; fastidio, disgusto, contrariedad; admiración, sorpresa, asombro. // ¡*maldita sea la puta madre que te parió!* v. madre. // ¡*me cago en la puta!*, *en la puta leche!*, *en la puta de oros!*, *en la* *puta de bastos!, en tu puta madre!, en la puta madre que te parió!, en la puta madre que te cagó!, en la puta que parió un tanque!,* etc. Exclamaciones de irritación o insulto. // *ni puta* m. adv. Absolutamente nada. // Ni la más remota idea. // *no tener ni puta (idea)* fr. No tener ni la más remota idea. // *pasarlas putas* fr. Verse en situación muy difícil, apurada, arriesgada, etc. // *ser más puta que las gallinas* fr. Ser muy puta, ser una mujer de fácil trato sexual.

putada f. Mala pasada, acción malintencionada o desaprensiva.

putadita f. Jugada, faena, mala pasada.

puteado, da p. p. y adj. Fastidiado, jorobado, perjudicado, explotado. // Maleado, bregado, baqueteado.

putear intr. Ir con putas. // Ejercer la prostitución. // tr. Fastidiar, jorobar, perjudicar, explotar.

puteo m. Acción de ir con putas. // Fastidio, perjuicio.

putería f. Astucia, cuquería.

puterío m. Prostitución.

putero adj. Aficionado a las putas.

puticlub m. Bar de alterne.

putilla f. Chica fácil.

putiplista f. Puta.

puto, ta adj. Maldito, miserable, despreciable, fastidioso. // Malo, pernicioso o difícil. // adj. y s. Ruin, malintencionado. // m. y f. Cuco, taimado, solapado. // *puto* m. (Ac.) Homosexual masculino. // Prostituto.

putón, na m. y f. Mujer de fácil trato sexual.

Q

quedada f. Tomadura de pelo, burla, guasa.

quedarse con alguien fr. (Ac.) Tomarle el pelo. // Mirar con insistencia a alguien que gusta. // (marg.) Reconocer a alguien, identificarle, descubrirle. // *quedarse con el personal* fr. Mostrarse convincente, hablar o actuar a plena satisfacción de los demás.

quedón, na adj. Bromista, burlón, guasón.

quejica adj. Que se queja mucho y por motivos insignificantes.

quel m. (marg.) Casa.

queli m. (marg.) Casa.

quemado, da adj. y p. p. Gastado, agotado, sin ánimos o facultades para una determinada actividad. // Se dice de la persona o del local conocidos por la policía. // Caliente, excitado sexualmente.

queo m. (marg.) Casa. // *¡queo!* (marg.) Exclamación para indicar un peligro o poner en guardia. // *dar el queo* fr. (marg.) Avisar de un peligro, poner en guardia.

querer *está como quiere* fr. Se dice de la mujer que tiene buen tipo, que está buena.

querindongo, ga adj. Querido, amante.

queso m. Pie.

Quico *ponerse como el Quico* fr. Hartarse de comer.

quilar tr. (marg.) Joder.

quilé m. (marg.) Picha.

quina *tragar quina* fr. Soportar de muy mala gana algo que resulta enojoso, molesto u ofensivo.

quinientas *las quinientas* loc. Muy tarde, a una hora muy avanzada.

quinqué *tener quinqué* fr. Tener perspicacia, ingenio, agudeza.

quinqui com. Individuo perteneciente a un grupo social marginado, y que por lo general se dedica a la venta ambulante de pequeños objetos o a la delincuencia.

quinto m. Botellín de cerveza.

quiqui m. (dro.) Porro.

quirófano *el quirófano*. Tortura que consiste en tender a alguien boca arriba sobre una mesa, esposado, de forma que la cabeza y el tronco queden colgando.

quisque *todo quisque* loc. Todo el mundo, cualquiera.

quisqui v. quisque.

quitapenas f. Navaja.

R

rábano *importar un rábano* fr. No importar, tener sin cuidado, resultar indiferente. // *no valer un rábano* fr. No tener ningún valor, no servir para nada. // *¡un rábano!* Forma despectiva de negación, rechazo o disconformidad.

rabero m. Individuo que soba a las mujeres en los transportes públicos.

rabioso, sa adj. Grande, enorme, intenso; inmediato.

rabo m. Picha. // *poner un rabo* fr. Dar por el culo, sodomizar.

raca m. (marg.) Automóvil.

racanear intr. Gandulear, rehuir el trabajo.

rácano, na adj. Vago, gandul, perezoso. // Tacaño, mezquino.

ración *darse una ración de vista* fr. Recrearse contemplando algún desnudo total o parcial.

radio macuto (mil.) Emisora imaginaria de donde parten las noticias oficiosas y los bulos.

radiografía *hacer una radiografía* fr. Sobar, magrear a una persona.

raf m. Cocacola con ginebra.

raja f. Coño.

rajado, da adj. Informal, que no mantiene su palabra, que se vuelve atrás en un trato o acuerdo. // Cobarde.

rajar tr. Herir con arma blanca.

rama f. (dro.) Marihuana.

ramo *ser del ramo* o *del ramo del agua* fr. Ser homosexual.

rana *salir rana* fr. No dar el resultado esperado, defraudar.

randa m. (Ac.) Ratero.

randar tr. (marg.) Hurtar, robar.

rasca f. Borrachera. // Charla, palique, conversación. // Hambre. // Frío.

raspa f. Criada, sirvienta.

rata m. Tacaño. // *rata de sacristía.* Beata.

raya f. (dro.) Dosis de cocaína o de cualquier otra droga en polvo.

rayo *echar los rayos* fr. Examinar por rayos X. // *gustar, oler* o *saber a rayos* fr. Gustar, oler o saber muy mal. // *¡mal rayo te parta!* Maldición.

realísima *dar la realísima* fr. Dar la realísima gana, querer.

rebotado adj. y m. Ex cura o ex religioso.

recañí f. (marg.) Ventana.

recochinearse prnl. Burlarse, guasearse, regodearse.

recochineo m. Burla, guasa, regodeo.

¡recojones! interj. ¡Cojones!

reconciliación f. Conjunto de camisón muy corto y bragas.

¡recoño! interj. ¡Coño!

¡recórcholis! interj. ¡Córcholis!

¡recristo! Interjección de enfado, sorpresa, extrañeza, asombro o admiración.

¡rediez! interj. eufem. ¡Rediós!

¡rediós! Interjección de enfado, sorpresa, extrañeza, asombro o admiración.

redondo m. Homosexual activo y pasivo, indistintamente.

reengancharse prnl. (mil.) Apuntarse a las sobras del rancho.

reenganche m. (mil.) Acción y efecto de reengancharse.

refanfinflar *¡me la refanfinfla!* Frase que expresa desprecio o indiferencia.

regadera *estar como una regadera* fr. Estar loco o chiflado.

registrar *¡a mí que me registren!* Frase con la que uno se declara inocente o libre de una determinada responsabilidad.

registro m. (marg.) Especialidad en el robo.

rehostia *ser la rehostia* v. ser la hostia.

relajo m. Relajamiento, alivio, descanso.

releche *ser la releche* v. ser la leche.

remanguillé *a la remanguillé* loc. Dañado, estropeado, en mal estado; en completo desorden, revuelto, patas arriba.

remonda *la remonda* v. la monda.

rengue m. (marg.) Tren.

reoca *¡la reoca!* v. ¡la oca!

repajolero, ra adj. Maldito, despreciable, molesto. // Pícaro, gracioso, divertido, travieso.

repaminonda *la repaminonda* v. la monda.

repampinflar *¡me la repampinfla!* v. ¡me la refanfinfla!

repanocha *la repanocha* loc. El colmo, el no va más, lo insólito o inaudito.

repatear tr. Fastidiar, estomagar, desagradar mucho.

repera *ser la repera* v. ser la pera.

repesca f. (uni.) Examen especial al que pueden acogerse los estudiantes que han suspendido una asignatura o una parte de ella.

resbalar *resbalarle a uno* fr. Tenerle sin cuidado, resultarle indiferente.

respetable *el respetable* m. Público que asiste a un espectáculo.

restaurante m. Tetas de la mujer que está criando.

resultón, na adj. Persona o cosa muy agradable o satisfactoria.

retaguardia f. Culo.

retal adj. Epíteto.

retambufa f. Culo. // *dar* o *tomar por retambufa* fr. Dar o tomar por el culo.

retirada *la retirada*. Retirada de la picha inmediatamente antes de eyacular para evitar el embarazo.

retirar tr. Apartar a una mujer de la prostitución convirtiéndola en mantenida.

retratar intr. Enseñar la entrepierna una mujer al cambiar de postura. // *retratarse* prnl. Pagar la consumición de todos, apoquinar.

retrato *hacer un retrato* fr. Retratar, enseñar una mujer la entrepierna.

retro adj. Retrógrado. // Retrospectivo, anticuado. Se dice especialmente de la moda de los años 40.

rica *estar rica* fr. Estar buena una mujer, tener buen tipo.

rilado, da p. p. Muerto de miedo.

rilarse prnl. Ventosearse, peerse. // Rajarse, volverse atrás, acobardarse.

rioja libre m. Calimocho, cocacola con vino.

risa *despatarrarse de risa* v. mearse de risa. // *mearse de risa* fr. Reírse mucho y con muchas ganas. // *mondarse de risa* v. mearse de risa.

Rita *¡que lo haga Rita!* Frase con la que uno rehúsa hacer algo.

roda m. (marg.) Automóvil.

rodante m. (marg.) Automóvil.

Rodríguez. Marido que permanece en la ciudad trabajando, y a menudo divirtiéndose, mientras la familia está de vacaciones.

rollazo aum. de rollo, cosa pesada y aburrida.

rollista adj. Plomo, pesado, latoso, aburrido. // Cuentista, embustero, exagerado, trapisondista.

rollo m. (Ac.) Exposición larga y aburrida. // Labia, verbosidad. // Cuento, patraña, embuste. // Asunto enojoso o pesado. // (pas.) Asunto, tinglado, actividad, mundo o ambiente en que uno anda metido. // (pas.) Asunto, materia o tema del que se habla o trata. // (dro.) Conversación que mantiene el que está fumando hachís o marihuana. // adj. Rollista, pesado, aburrido. // *el rollo* o *el rrollo*. Movimiento contracultural de los años 70 en España, que se desarrolla especialmente en torno al mundo de la música rqck. // El mundo de la droga y de los pasotas en general. // *darle al rollo* o *estar en el rollo* fr. (pas.) Fumar asiduamente marihuana o hachís. // *irle* o *gustarle el rollo* fr. (pas.) Tener afición por la droga, la música rock, etc. // *montarse el rollo* fr. (pas.) Organizarse el tipo de vida, actividad o afición que se desea. // *rollo macabeo*. Embuste o patraña de envergadura. // *rollo patatero*. Mal rollo, mal asunto. // *soltar el rollo* fr. Hacer una exposición larga y aburrida. // *traerse un mal rollo* fr. (pas.) Llevar un tipo de vida o de actividad inadecuado o perjudicial.

romano *ir de romano* fr. (mil.) Ir de uniforme.

roña adj. y s. (Ac.) Tacaño.

rosca *no comerse una rosca* fr. No comerse un rosco, no conseguir ligar.

rosco m. (est.) Cero en una calificación. // *no comerse un rosco* fr. No conseguir ligar. // Por ext., no tener éxito, no conseguir un determinado propósito.

roscón m. (est.) Cero en un examen o calificación.

rostro *tener rostro* fr. Tener desfachatez, descaro, frescura, cinismo.

rubia f. Moneda de una peseta. // Furgoneta con carrocería parcialmente de madera o automóvil de características semejantes.

rúe *la rúe*. La calle.

rueda f. (dro.) Anfetamina. // *chupar rueda* fr. (cicl.) Ir un corredor detrás de otro para protegerse del viento. // Por ext., aprovecharse alguien del esfuerzo ajeno.

rugir tr. Oler mal.

ruina f. (marg.) Condena muy larga.

rumano m. (marg.) Caló, lenguaje de los gitanos.

rupia f. Peseta.

ruso *gastar menos que un ruso en catecismos* fr. Ser muy ahorrador o tacaño.

S

sábado *sábado, sabadete, camisa limpia y polvete* v. polvete.

sábana f. Billete de mil pesetas. // *media sábana.* Billete de quinientas pesetas. // *sábana verde.* Billete de mil pesetas.

saber *saber hacérselo* fr. (pas.) Ingeniárselas para vivir como uno quiere.

saco m. (marg.) Billete de mil pesetas. // (marg.) Cárcel. // *dar por el saco* fr. Dar por el culo. // Fastidiar, molestar, jorobar. // *irse a tomar por el saco* fr. Malograrse, irse al traste, tener mal fin un asunto; destrozarse una cosa, salir despedida, acabar destruida. // *mandar a tomar por el saco* fr. Rechazar a una persona con enfado, desprecio o de malos modos; desentenderse de algo molesto o enojoso. // *medio saco* (marg.) Billete de quinientas pesetas. // *¡que le den por el saco!* Frase de desprecio o indiferencia hacia algo o alguien. // *tener en el saco* fr. Haber conseguido una cosa o conquistado a una persona. // *¡vete a tomar por el saco!* Frase de rechazo o desprecio.

sacristía f. Braguta.

safari *contar safaris* fr. Contar historias, exagerar.

safo m. (marg.) Pañuelo.

sal gorda f. Humor picante y chabacano.

salir *salir arreando, pirando, pitando* o *zumbando* fr. Marcharse a toda velocidad, salir corriendo.

salto m. Momento en que empieza a actuar un grupo de manifestantes. // *hacer el salto* fr. Ser infiel al cónyuge. // *salto de cama.* Especie de bata de lencería que usan algunas mujeres al levantarse de la cama. // *salto de rana* (dep.) Pequeña parábola que describe la pelota de golf cuando ha sido mal golpeada y queda a mucha distancia de su objetivo.

sanfrancisco m. Combinado de grosella y frutas, generalmente sin acompañamiento de licor.

sanjoderse *sanjoderse* o *sanjoderse cayó en lunes.* Frase que invita a aguantarse, resignarse o fastidiarse.

santero, ra m. y f. (marg.) Persona que facilita datos al ladrón sobre el lugar donde va a robar.

santísima *hacer la santísima* fr. Fastidiar, incordiar, perjudicar, jorobar.

santo *dar el santo* fr. (marg.) Facilitar información sobre el lugar donde se puede cometer un robo y otros datos de interés. // *quedarse para vestir santos* fr. Quedarse soltera una mujer.

saña f. (marg.) Cartera.

sañero m. (marg.) Carterista.

sarao m. Jaleo, follón.

sarasa m. Afeminado, marica.

sardina f. Picha.

sargento m. Mujer hombruna y autoritaria.

saxo m. Saxofón. // Persona que toca este instrumento.

secante m. (fút.) Jugador que marca muy estrechamente a un contrario. // (dro.) Dosis de LSD en forma de gota recogida en papel secante.

secar tr. (fút.) Marcar muy estrechamente a un jugador del equipo contrario.

seco *estar seco* fr. Estar sediento. // Carecer de dinero.

secreta f. Policía secreta. // m. Individuo de la policía secreta.

seda *hacer seda* fr. Dormir.

sello m. (dro.) Secante, variedad de LSD.

semáforo m. Combinado de menta, licor 43 y granadina.

sentada f. Acción de protesta o en apoyo de una petición, que consiste en permanecer sentadas en el suelo varias personas, en un lugar determinado.

señora *la señora* (marg.) La policía secreta.

señores *los señores* (marg.) La policía secreta.

señorita f. (inf.) Maestra. // Puro corto y delgado.

serie *ser de la serie* o *de la serie B* fr. Ser homosexual.

servir tr. (marg.) Detener.

sesenta y nueve m. Práctica simultánea y recíproca del cunnilinguo, de la felación, o de ambos a la vez.

sesera f. Inteligencia.

seta f. Coño.

sicalíptico, ca adj. Obsceno, pornográfico, picante.

siega *¡hasta la siega del pepino!* Fórmula de despido equivalente a «¡hasta nunca!»

siembra f. Lanzamiento de propaganda clandestina.

sietemesino, na adj. Raquítico.

sifilazo m. Infección sifilítica grave.

sifón *hacer el sifón* fr. Hacer la felación tragándose el esperma.

sindicato *del sindicato de la harina* (prost.) Lesbiana.

sinhueso *la sinhueso* (Ac.) La lengua.

sirla f. (marg.) Atraco con navaja u objeto contundente. // (marg.) Paliza.

sirlar tr. (marg.) Atracar con navaja u objeto contundente.

sirlero m. (marg.) Navajero; atracador.

sobar tr. (Ac.) Magrear. // *sobar* o *sobarla*. Dormir. // *sobársela* fr. Masturbarse el hombre.

sobeo m. Acción y efecto de sobar, magreo, manoseo.

sobeta *estar* o *quedarse sobeta* fr. Estar o quedarse dormido.

sobre *el sobre*. La cama.

social m. Agente de policía de la Brigada Político-Social.

socio, cia m. y f. Amigo, compañero, compinche. // *socia* f. Puta.

sol y sombra m. Combinado de anís con coñac.

solanas adj. Solo, sin compañía.

solateras adj. Solo, sin compañía.

solo m. Café solo.

sombra *hacer sombra* fr. (dep.) Entrenarse un boxeador dando golpes en el aire contra un adversario imaginario.

sona(d)o *estar sona(d)o* fr. (dep.) Tener un boxeador las facultades mentales disminuidas a consecuencia de los golpes recibidos. // Estar chiflado.

sonanta f. (marg.) Guitarra.

sopa *dar sopas con honda* fr. Manifestar abierta superioridad sobre alguien. // *encontrar hasta en la sopa* fr. Encontrar a una persona o cosa con enojosa frecuencia. // *estar como una sopa* fr. Estar muy borracho.

soplado, da adj. Borracho.

soplagaitas adj. y s. Soplapollas.

soplapichas adj. y s. Soplapollas.

soplapollas adj. y s. Tonto, estúpido, majadero.

soplapollez adj. Tontería, estupidez, majadería.

soplar tr. Joder. // (Ac.) Hurtar, quitar. // *¡me la soplas!* Frase que expresa desprecio, indiferencia o superioridad respecto de alguien. // *no soplar* fr. Haber perdido la potencia sexual. // *soplarse* o *soplársela* prnl. Poseer sexualmente a una mujer, joderla.

sorchi m. Recluta.

sorna f. (marg.) Oro.

soseras adj. Soso, sin gracia.

sota f. Puta.

subasta(d)o m. Cierto juego de naipes.

subir intr. (dro.) Ir en aumento el efecto de la droga.

submarino m. Individuo que actúa de acuerdo con la línea de un determinado partido político sin militar oficialmente en él. // Quinta galería de la cárcel Modelo de Barcelona, donde se recluye a los condenados a muerte y a los presos en regímenes especiales y de castigo.

sudaca com. Sudamericano.

sudar *sudársela* a uno fr. Tenerle sin cuidado, resultarle indiferente.

suerte *tener más suerte que siete viejas* fr. Tener mucha suerte.

súper adj. Superior, magnífico, muy bueno. // adv. Estupendamente, muy bien.

suquero, ra v. psuquero.

susto *el susto*. La cuenta.

T

tabernáculo m. Taberna.

tabla f. Borrachera. // Mujer de pecho muy liso. // (marg.) Homosexual. // *lo que canta, dice* o *marca la tabla* fr. Lo obligado, lo que procede o corresponde. // *por tablas* loc. Por los pelos, por muy poco.

tablón m. Borrachera.

taco m. (Ac.) Jaleo, lío, follón. // (dro.) Tableta de hachís de unos cinco gramos. // *tacos* m. pl. Años de edad. // (marg.) Años de condena.

tacón m. (marg.) Portamonedas.

tachines m. pl. Zapatos. // Cojones.

tajada f. (Ac.) Borrachera.

tajo m. Lugar de trabajo.

talego m. (marg.) Cárcel. // (marg.) Billete de mil pesetas. // (dro.) Mil pesetas de hachís. // *medio talego* (marg.) Quinientas pesetas.

tanga m. Bañador muy reducido.

tangada f. (marg.) Engaño.

tangana f. (fút.) Follón, jaleo.

tangar tr. (marg.) Engañar.

tanque m. (marg.) Bolso de mujer.

tañar tr. (marg.) Comprender las intenciones de alguien.

tapacojones m. Taparrabos.

tapiñar tr. (marg.) Comer.

tarado, da adj. Perturbado, medio loco.

tararí *estar tararí* fr. Estar bebido.

tarra com. Persona vieja.

tarro m. Cabeza. // *comer el tarro* fr. Convencer a alguien aprovechándose de su ingenuidad o buena fe; alienar, hacer un lavado de cerebro.

tarugo m. (med.) Práctica fraudulenta de los médicos que recetan medicamentos de determinados laboratorios a cambio de comisión. // Esta comisión.

taruguista m. Médico que practica el tarugo.

Tarzán *gastar menos que Tarzán en corbatas* fr. Ser muy ahorrador o tacaño.

tascucio m. Tasca, taberna.

tasquear intr. Frecuentar tascas o tabernas.

tasqueo m. Recorrido por tascas o tabernas.

tate m. (dro.) Chocolate, hachís.

Tato Personaje imaginario que se utiliza como término comparativo o en frases de distintos significados.

taxi m. (prost.) Prostituta de la que vive el taxista o chulo.

taxista m. (prost.) Chulo que vive de una puta.

tea f. Borrachera. // (marg.) Navaja.

tebeo *estar más visto que el tebeo* fr. Estar demasiado vista una persona o cosa.

tejo m. Duro, moneda de cinco pesetas.

tela f. (Ac.) Dinero. // *haber tela* o *tela marinera.* Frase que expresa abundancia o magnitud. // *sacudir* o *soltar la tela* fr. Entregar dinero, pagar. // *tela de...* m. adv. Muy, muchos, gran cantidad.

telanda f. Tela, dinero.

tele f. Televisión. // Aparato de televisión.

telonero, ra m. y f. Cantante o artista de variedades secundario que abre la actuación. // Por ext., orador secundario que interviene en primer lugar en un mitin o acto público.

templado, da adj. Bebido, algo borracho.

tener *tenerlos bien puestos* fr. Tener valor, coraje, audacia, etcétera.

teniente *estar teniente* fr. Estar sordo.

tentación f. Conjunto de camisón muy corto y bragas.

tequi m. (pas.-marg.) Automóvil. // *zumbar tequis* fr. (marg.) Robar automóviles.

tercio m. Botella de cerveza de tamaño mediano.

terrado m. Cabeza.

terraza f. Cabeza.

testamento *estar más liado que el testamento de una loca* fr. Estar un asunto muy embrollado o confuso.

testiculamen m. Los dos testículos.

teta adj. Estupendo, magnífico, formidable. // adv. Estupendamente. // *teta de novicia (a punto de profesar)* loc. Muy bueno, excepcional.

tetamen m. Las dos tetas.

tetorras f. pl. Tetas grandes.

tetuda adj. (Ac.) Mujer de tetas grandes.

tía v. tío, a.

tierra f. (dro.) Hachís de mala calidad. // *la tierra de la legaña.* Almería. // *la tierra de la mala follá.* Granada. // *la tierra de las tres cosechas* (esparto, mocos y legañas). Almería. // *la tierra del boquerón.* Málaga. // *la tierra del cipote.* Córdoba. // *la tierra del chavico.* Granada. // *la tierra del esparto.* Almería. // *la tierra del pijo.* Almería. // *la tierra del ronquío.* Jaén. // *la tierra de María Santísima.* Andalucía.

tieso, sa *dejar tieso* a uno fr. Matar, asesinar. // *quedarse tieso* fr. Morirse. // Quedarse entumecido por el frío. // *ponerse* o *tenerla tiesa* fr. Ponerse o tener la picha en erección.

tiesto *mear fuera de tiesto* fr. Salirse de la cuestión, decir algo que no viene al caso.

tigre m. (marg.) Váter, retrete. // *oler a tigre* fr. Desprender mal olor un lugar. // *ru-*

gir el tigre fr. (marg.) Oler mal el váter.

tigresa f. Mujer atractiva, experimentada y provocadora.

tijera f. (fút.) Jugada que consiste en golpear el balón en el aire con un pie después de haber amagado el otro. // En la lucha libre, apresar al adversario cruzando las piernas alrededor del contrincante.

tila f. (dro.) Marihuana.

timbales m. pl. Cojones, testículos.

timo de la estampita v. estampita.

tintorro m. Vino tinto, especialmente el ordinario.

tío, a m. y f. Individuo, fulano. // (pas.) Individuo que está en el rrollo. // Apelativo equivalente a «compañero», «colega», «amigo». // *la tía, la tía María* o *la tía Pepita*. La menstruación. // *tía* f. Puta. // *tío bueno* o *tía buena*. Persona que tiene buen tipo, que tiene un físico atractivo. // *ya vendrá el tío Paco con la rebaja*. Expresión que anuncia una posible disminución en algo que se ha conseguido o producido en abundancia.

tira *la tira* m. adv. Mucho; gran cantidad, magnitud o dimensión.

tirado, da adj. Fácil. // (Ac.) Perdido, de mala vida. // *estar tirado* fr. Encontrarse vencido por las adversidades. // *tirada* f. Puta. // *tirao p'alante* m. Decidido, lanzado, valiente.

tiralevitas com. Pelotillero, adulón.

tirarse prnl. Poseer sexualmente, joder. // (uni.) Suspender.

tirillas com. Mequetrefe, persona canija, sin vigor físico.

tirón m. Forma de robo que consiste en apoderarse de un bolso u otro objeto tirando violentamente de él y dándose a la fuga.

titi com. Persona joven, especialmente mujer.

toalla *tirar, lanzar* o *arrojar la toalla* fr. (box.) Lanzar la toalla al ring el preparador de uno de los púgiles en señal de abandono por inferioridad física.

toba f. Colilla. // Guantada, puñetazo.

tocata m. (pas.) Tocadiscos.

tocinera f. Autobús de la Policía Armada.

tocomocho m. (marg.) Timo que consiste en ofrecer un décimo de lotería que se hace pasar por premiado, a cambio de una cantidad inferior a la del supuesto premio.

tocón, na adj. Muy aficionado a sobar o magrear.

tocho m. Libro voluminoso.

tomador del dos m. (marg.) Ladrón que roba la cartera u otro objeto valiéndose de los dedos índice y medio.

tomante m. Homosexual pasivo.

tomate m. Jaleo, follón, barullo, pelea, etc.; lucha, batalla, guerra, contienda. // Lío, embrollo, complicación, dificultad. // Menstruación. // *ponerse como un tomate* fr. Ruborizarse intensamente.

tomo m. (marg.) Pelo.

tonel m. Persona muy gorda.

tonto adj. Se usa en numerosas frases comparativas: *Más tonto que el que se la pisó meando; más tonto que hacerle la permanente a un calvo; más tonto que hacerle una paja a un muerto; más tonto que hecho de encargo; más tonto que los pelos del culo, que cae la mierda y no se apartan; más tonto que Pichote; más tonto que una mata de habas.* // m. Coño. // *ser tonto y mamarla de canto* fr. Ser muy tonto. // *tonto de la picha, tonto de la polla, tonto de las narices, tonto del bolo, tonto del bote, tonto del carajo, tonto del cipote, tonto del culo, tonto del haba, tonto del higo, tonto de los cojones, tonto de los huevos* o *tonto del pijo.* Muy tonto (se usa generalmente como insulto).

tontolaba adj. Individuo muy tonto.

tontolcarajo adj. Individuo muy tonto.

tontolculo adj. Individuo muy tonto.

tontolpijo adj. Individuo muy tonto.

toña f. Guantazo, puñetazo. // Golpe violento. // Borrachera.

toñazo m. aum. de toña.

too much v. tu moch.

tope *a tope* m. adv. (pas.) Al máximo, al límite.

topero m. (marg.) Topista.

topista m. (marg.) Ladrón que utiliza palanqueta para entrar a robar.

toquetear tr. Sobar, palpar, magrear.

toqueteo m. Acción y efecto de toquetear, magreo.

toquilla f. Borrachera.

toquitear tr. Toquetear, magrear.

torero m. (prost.) Cliente de prostituta. // *...que no se lo salta un torero.* Frase con que se destaca la magnitud o la importancia de algo. // *torero de invierno.* Mal torero.

toro *atracarse de toro* fr. (tor.) Ceñirse mucho el torero al matar. // *pillarle el toro* a alguien fr. No dejarle escapatoria posible en una discusión.

torra(d)o m. Cabeza.

torta f. Borrachera. // (Ac.) Bofetada. // Trastazo. // *estar con la torta* fr. Estar distraído, despistado. // *ni torta* m. adv. Absolutamente nada. // *no tener ni media torta* fr. Ser canijo, pequeño, débil.

tortazo *darse el tortazo* fr. Sufrir un accidente violento y aparatoso.

tortilla f. Cópula sexual entre mujeres.

tortillera f. Lesbiana.

tostada *olerse la tostada* fr. Sospechar; prever un riesgo, peligro, engaño, etc.

trabajar tr. (dro.) Adulterar.

trabajo *trabajo de chinos* o *de*

chinos mancos. Trabajo largo y laborioso que requiere mucho esfuerzo y paciencia.

traer *me la trae floja.* Frase que expresa desprecio o indiferencia.

tragar intr. Acceder una mujer con facilidad a las proposiciones sexuales.

tragona f. Mujer fácil.

traje *cortar trajes* o *un traje* fr. Murmurar. // *hacer un traje de saliva* fr. Acariciar el cuerpo con la lengua. // *traje de madera.* Ataúd.

trajinar tr. y prnl. Joder.

tralla f. (marg.) Cadena para medalla o colgante. // (marg.) Correa de reloj.

trallazo m. (fút.) Chut potente.

tranca f. Picha.

trasero m. (Ac.) Culo. // *lamer el trasero* fr. Adular, comportarse de modo servil.

trastienda f. Culo.

trasto m. Picha.

trempar intr. Ponerse con la picha en erección.

tren *como para parar un tren* loc. En abundancia. // Referido a una persona, tener buen tipo, estar buena. // *estar como un tren* fr. Tener buen tipo una persona, estar buena.

trena f. (Ac.) Cárcel.

trencilla m. (fút.) Árbitro.

trepa m. Arribista.

tricornio m. (marg.) Guardia civil.

trifásico m. Enchufe, influencia.

trilero m. (marg.) El que se dedica a las triles.

triles *las triles* (marg.) Juego de apuestas callejero que consiste en adivinar una carta enseñada previamente entre tres que se manipulan con trampas.

trincar tr. (marg.) Detener, capturar; apresar, encarcelar. // Matar. // *trincarse* prnl. Poseer sexualmente, joder.

trinque *el trinque.* La bebida.

trip m. (dro.) Dosis de LSD. // Viaje, efectos producidos por el LSD u otro alucinógeno.

tripear intr. Comer con glotonería. // (dro.) Tomar un ácido.

tripero, ra adj. Comilón.

tripi m. (dro.) Trip, ácido.

trócolo m. (dro.) Porro.

trompa f. Nariz muy grande y prominente. // (Ac.) Borrachera. // m. Borracho.

trompada f. (dro.) Aspiración profunda del humo del porro o de la pipa de kif.

trompeta m. Borracho. // f. (dro.) Porro de forma cónica.

trompetero adj. (dro.) Se dice del porro de forma cónica.

trompo m. (marg.) Billete de mil pesetas. // *medio trompo* (marg.) Quinientas pesetas.

trona(d)o, da adj. Loco.

tronco, ca m. y f. (pas.) Amigo, compañero. // (marg.) Compañero habitual de robo, estafa, etc.

tronchante adj. Cómico, gracioso, que produce risa.

troncharse prnl. Partirse de

risa, reírse mucho sin poderse contener.

trosco, ca m. y f. Trotskista.

truco m. (marg.) Puñetazo.

truja m. (marg.) Cigarrillo.

trullo m. (marg.) Cárcel. // (marg.-mil.) Calabozo.

tubo m. (marg.) Metro, ferrocarril subterráneo. // (marg.) Teléfono. // (marg.) Cárcel. // Malo; pesado, aburrido. // *meter un tubo* fr. (mil.) Sancionar, imponer un castigo; arrestar. // *pasar por el tubo* fr. Pasar por el aro, hacer o aceptar algo que no se desea. // *por un tubo* m. adv. En cantidad, abundantemente.

tuercebotas m. Pelanas, persona sin posición económica ni social.

tumba *lanzarse a tumba abierta* fr. (cicl.) Lanzarse un corredor a toda velocidad por una pendiente muy pronunciada, con grave riesgo de su vida. // Por ext., meterse decidida y arriesgadamente en un asunto. // *ser una tumba* fr. Guardar celosamente un secreto.

tumbar tr. Matar. // Suspender en un examen.

tu moch adv. Demasiado, increíble, inaudito, el colmo.

túnel *hacer el túnel* fr. (fút.) Burlar a un jugador pasando el balón entre sus piernas.

tupi s. y adj. Tuberculoso.

turca f. (Ac.) Borrachera.

¡tururú! Interjección de negación, rechazo, burla o incredulidad. // *estar tururú* fr. Estar loco, chiflado. // Estar borracho o bebido.

turuta m. (mil.) Corneta de un regimiento.

U

ugetero, ra s. y adj. Ugetista, afiliado al sindicato de la UGT.

ultra m. y adj. Ultraderechista.

usía *el usía.* Presidente de una corrida de toros.

uva *de uvas a peras* o *de uvas a brevas* loc. Muy de tarde en tarde. // *mala uva* loc. Mal humor. // Mala intención, mala índole. // Mal genio, mal carácter.

uve *relléname la uve* fr. Invítame a fumar.

V

vaca *hacer la vaca* fr. Broma vejatoria entre muchachos que consiste en agarrar a alguien a la fuerza y dejarle al descubierto los genitales, ensuciándoselos con saliva, barro o excrementos. // *vaca verde.* Leche con menta.

vacaburra f. Insulto.

vacaciones *estar de vacaciones pagadas por el Estado* fr. Estar en la cárcel.

vacila m. Individuo burlón, guasón, bromista.

vacilar intr. Conversar con humor e ironía; divertirse a costa de alguien, tomar el pelo. // (dro.) Estar locuaz y comunicativo bajo los efectos del kifi, marihuana o hachís.

vacile m. Guasa; tomadura de pelo. // Individuo burlón, guasón.

vacilón adj. Burlón, guasón, bromista. // (dro.) Fumador asiduo de kifi, marihuana o hachís. // (dro.) Estado producido por el kifi, hachís o marihuana. // *ponerse vacilón* fr. (dro.) Vacilar, estar locuaz y comunicativo bajo los efectos del kifi, hachís o marihuana. // (dro.) Por ext., hallarse bajo los efectos de drogas estimulantes.

vaina f. Cópula sexual.

vampi f. Vampiresa.

vampiresa f. Mujer fatal, mujer seductora y perversa.

vasca v. basca.

vaselina *poner vaselina* fr. Suavizar una situación.

vela f. (tor.) Cuerno, especialmente si es alto y levantado. // *aguantar* o *tener la vela* fr. Llevar la cesta, acompañar a una pareja de enamorados. // *andar entre dos velas* fr. Andar bebido. // *estar* o *ir a la vela* fr. Estar o ir borracho. // *estar* o *ir a media vela* fr. Estar o ir bebido. // *quedarse a dos velas* fr. Quedarse sin entender algo.

venir *venirle* fr. Tener el orgasmo.

ventilarse prnl. Poseer sexualmente, joder. // Matar, asesinar.

ver *...que no veas.* Locución con que se pondera o realza algo.

verde m. Billete de mil pesetas. // Guardia civil. // *darse* o *pegarse un verde* fr. Magrear.

verderón m. Billete de mil pesetas.

verdura *es verdura* fr. Es verdad.

viacrucis *hacer el viacrucis* fr. Recorrer bares o tabernas con los amigos.

viajar intr. (dro.) Hallarse bajo los efectos del LSD u otro alucinógeno.

viaje m. (dro.) Alucinación producida por el LSD u otro alucinógeno. // Acometida con la mano para magrear a alguien. // (Ac.) Puñalada.

vibrador m. Consolador eléctrico.

vida *darse* o *pegarse la vida padre* fr. Darse buena vida, vivir regaladamente. // *dar vida* o *vidilla* fr. Ayudar, portarse bien con alguien. // (dro.) Encender el porro. // *echarse a la vida* fr. Prostituirse. // *estar la vida muy achuchá* fr. Estar la vida muy difícil, cara, etcétera. // *hacer la vida* fr. Ejercer la prostitución. // *no me cuentes tu vida.* Frase con la que se pide a alguien que corte una conversación molesta o aburrida.

vidrio m. (Ac.) Vaso. // *soplar vidrio* fr. Beber. // *tomar unos vidrios* fr. Tomar unos vasos de vino.

viejales com. Persona vieja.

viejo, ja *el viejo* o *la vieja* m. y f. El padre o la madre. // *los viejos* m. pl. Los padres. // *viejo verde.* Viejo libidinoso.

vietnamita f. Cierta multicopista manual muy rudimentaria utilizada especialmente para confeccionar propaganda clandestina.

vino *tener mal vino* fr. Ser camorrista bajo los efectos de la bebida.

virgen *ser (devoto) de la virgen del puño* fr. Ser tacaño o mezquino.

virguería f. Cosa delicada, bonita, exquisita o de gran perfección. // Floritura, filigrana, detalle, adorno o refinamiento exagerado o primoroso. // Tontería, futilidad, cosa de escasa importancia. // *hacer virguerías* fr. Tener gran habilidad en hacer alguna cosa.

virguero, ra adj. Bonito, delicado, exquisito. // Magnífico, estupendo, excelente. // Que hace virguerías, que tiene gran habilidad en alguna cosa.

virguito adj. y s. Virgen, que no ha tenido relación sexual. // Persona joven.

virtud *media virtud* f. Mujer medio puta.

virulé *a la virulé* m. adv. Estropeado, dañado, en mal estado.

viruta f. Dinero. // *viruta(s)* m. Carpintero.

visita *tener la visita* o *tener visitas* fr. Tener la menstruación.

vista *hacer vista* fr. (fút.) Seguir el portero con la mirada la trayectoria del balón, sin moverse para detenerlo, por calcular que va fuera de la portería.

viudo, da adj. Se dice de los garbanzos, patatas u otros alimentos que se sirven solos, sin acompañamiento.

vivalavirgen m. Persona despreocupada e informal.

voceras m. Bocazas y jactancioso.

volado, da *estar volado* fr. (dro). Estar bajo los efectos de una droga estimulante.

volar intr. (dro.) Hallarse bajo los efectos de una droga estimulante.

volcán m. (dro.) Vulcano, variedad de LSD en forma troncocónica.

voltio *dar un voltio* fr. Dar una vuelta, pasear.

voz *la voz de su amo.* Persona que repite o defiende servilmente las opiniones o ideas de otro que tiene ascendiente sobre él.

vulcano m. (dro.) Variedad de LSD en forma troncocónica.

vulgaris adj. Vulgar.

Y

yerba v. hierba.
yernocracia f. Nepotismo.
yoe m. (dro.) Porro.
yogur m. Coche blanco de la policía. // Mala leche, mal yogur. // *mal yogur* loc. Mal humor. // Mala intención, mala índole. // Mal genio, mal carácter.
yogurtera f. Coche blanco de la policía.
yoi o yoin m. (dro.) Porro.
yonqui com. (dro.) El que se inyecta asiduamente.

Z

zaga f. (dep.) La defensa de un equipo.

zaguero m. (dep.) Jugador de la defensa.

zanahoria *venir como zanahoria al culo* fr. Venir como anillo al dedo, resultar una cosa oportuna o conforme con lo deseado.

zapatiesta f. Trapatiesta, riña, jaleo, alboroto.

zapatobús *en zapatobús* m. adv. A pie, andando.

zape m. Marica; homosexual.

zeta m. Coche de la policía.

zombi *estar zombi* fr. Estar loco.

zorra f. (Ac.) Puta. // (Ac.) Borrachera. // *ni zorra* m. adv. Absolutamente nada. // *no te-ner ni zorra (idea)* fr. No tener ni la más remota idea.

zorro *estar hecho unos zorros* fr. Estar agotado, rendido, muerto de cansancio.

zorrón m. (Ac.) Puta.

zorrona f. Zorra, puta.

zorrupia f. Zorra, puta.

zumba(d)o, da *estar más zumbao que el pandero un indio* fr. Estar muy loco. // *estar zumbao* fr. Estar loco.

zumbar tr. Robar. // tr. y prnl. Poseer sexualmente, joder. // *zumbársela* fr. Masturbarse el hombre.

zurcir *¡anda y que te zurzan!* Frase para rechazar a alguien con enfado o desprecio.

zuri *darse el zuri* fr. Marcharse, irse, largarse; escapar, huir.